Eckehard Fröhmelt

Anleitung zum Glücklichsein

Eckehard Fröhmelt

Anleitung zum Glücklichsein

Fromm Verlag

Impressum / Imprint
Bibliografische Information der Deutschen Nationalbibliothek: Die Deutsche Nationalbibliothek verzeichnet diese Publikation in der Deutschen Nationalbibliografie; detaillierte bibliografische Daten sind im Internet über http://dnb.d-nb.de abrufbar.
Alle in diesem Buch genannten Marken und Produktnamen unterliegen warenzeichen-, marken- oder patentrechtlichem Schutz bzw. sind Warenzeichen oder eingetragene Warenzeichen der jeweiligen Inhaber. Die Wiedergabe von Marken, Produktnamen, Gebrauchsnamen, Handelsnamen, Warenbezeichnungen u.s.w. in diesem Werk berechtigt auch ohne besondere Kennzeichnung nicht zu der Annahme, dass solche Namen im Sinne der Warenzeichen- und Markenschutzgesetzgebung als frei zu betrachten wären und daher von jedermann benutzt werden dürften.

Bibliographic information published by the Deutsche Nationalbibliothek: The Deutsche Nationalbibliothek lists this publication in the Deutsche Nationalbibliografie; detailed bibliographic data are available in the Internet at http://dnb.d-nb.de.
Any brand names and product names mentioned in this book are subject to trademark, brand or patent protection and are trademarks or registered trademarks of their respective holders. The use of brand names, product names, common names, trade names, product descriptions etc. even without a particular marking in this works is in no way to be construed to mean that such names may be regarded as unrestricted in respect of trademark and brand protection legislation and could thus be used by anyone.

Coverbild / Cover image: www.ingimage.com

Verlag / Publisher:
Fromm Verlag
ist ein Imprint der / is a trademark of
OmniScriptum GmbH & Co. KG
Heinrich-Böcking-Str. 6-8, 66121 Saarbrücken, Deutschland / Germany
Email: info@frommverlag.de

Herstellung: siehe letzte Seite /
Printed at: see last page
ISBN: 978-3-8416-0406-4

Anleitung zum Glücklichsein

Vorwort

Was mich sehr bewegt ist, dass diese Anleitung zum Glücklichsein schon beim Lesen hier und da glücklich machende Wirkung erzielt, weil ich zutiefst überzeugt bin, dass vieles von dem, was ich geschrieben habe, einfach zutrifft und nur umgesetzt werden muss. Das kleine Wörtchen „nur" ist schon eine Philosophie für sich oder auch der berühmte kleine oder große Schritt. Gute Menschen um einen herum können dabei eine große Stütze ein. Manchmal reicht schon ein einziger verlässlicher Mensch. Mindestens den wünsche ich Dir, liebe Leserin, lieber Leser, von Herzen.

Die vielen Zitate, die ich über viele Jahre aus verschiedensten Quellen gesammelt habe, stellen kein selbstgefälliges, schmückendes Beiwerk dar – sie sollen spürbar positive Wirkung zeigen, weil sie einfach durch das Leben und Lebenserfahrung gedeckt sind oder tiefem Nachdenken entspringen. Die Zitate spiegeln meine eigenen Lebenserkenntnisse wieder – ich stehe dahinter und gebe sie weiter, weil sie optimal die Sache treffen und ich sie nicht mehr steigern kann.

Nicht alles im Leben ist einfach machbar, aber allein schon die angemessene Einstellung kann bewirken, dass vieles machbar oder zumindest viel erträglicher wird.

Eckehard Fröhmelt

Inhaltsverzeichnis Seite

Glücks-Steigerungs- Strategien Seite

Fünfmal: Was jeder täglich erleben kann

Ja, lauf nur nach dem Glück/ doch laufe nicht zu sehr.
Denn alle laufen nach dem Glück/ das Glück läuft hinterher.[1] *(Bertold Brecht)*

Erstens: Nie vergesse ich, wie nah das Glück manchmal liegt: Eine Frau war umgezogen. Die neue Wohnung erwies sich als kleiner. Das erzeugte in ihr eine ganz große Enttäuschung. Wo sollte sie nun alle ihre Möbel hinstellen? Ich antwortete ihr vielleicht etwas leichthin: „Verschenken Sie doch einiges von dem, was sie jetzt zuviel haben." Darüber war sie mir fast böse. Wochen später rief sie mich an, total glücklich: „Ich habe gemacht, was Sie sagten. Es passt alles." Loslassen ist manchmal mehr als Festhalten. Das ist übrigens auch die Grunderkenntnis von Buddha, Laotse oder Jesus: Loslassen statt festhalten. Loslassen erleichtert. Festhalten beschwert. Am Ende müssen wir sowieso alles hergeben. Warum nicht schon vorher freiwillig, wenn wir das Heft noch in der Hand haben?

Zweitens: Apropos Heft in der Hand: Dazu fällt mir die ältere Dame im Wartezimmer unseres gemeinsamen Hausarztes ein. Als wir nur noch zu zweit da saßen, kamen wir ins Gespräch. Unter anderem vertraute sie mir an: „Wissen Sie, mein Sohn hat sich jetzt mit seiner Familie ein Reihenhäuschen gekauft. Das Geld reicht vorne und hinten nicht. Da habe ich ihm was von meinem Geld gegeben. Ich schenke lieber mit warmen Händen."

Mit warmen Händen schenken, werde ich nie vergessen. Das bringt mich auch auf zwei zentrale Sätze in Antoine de Saint-. Exupérys Der kleine Prinz : *Man sieht nur mit dem Herzen gut. Das Wesentliche ist für die Augen unsichtbar und Du bist zeitlebens für das verantwortlich, was du dir vertraut gemacht hast.*[2] Das hatte diese ältere Dame im Wartezimmer wohl verinnerlicht, vielleicht ohne je von dem berühmten Kleinen Prinzen gehört oder gelesen zu haben. Die wahre Bildung soll ja die Herzensbildung sein.

Drittens: Vergessen werde ich auch nie das Ergebnis eines Gesprächskreises im Seniorenheim zum Thema Homosexuelle Lebenspartnerschaften und Adoptionsrecht. Bis auf eine meinten alle Diskutanten: „Das können wir in unserem Alter nicht mehr verstehen." Nur die eine meinte kurz und knapp: „Mir sind zwei Mütter lieber als ein schlechter Vater. Für mich zählt allein die Liebe."

Allein die Liebe zählt. Hut ab und Respekt. So eine positive Einstellung macht glücklich. Wer was nicht versteht oder nicht mehr verstehen will oder nur schimpft, ist selbst schuld, dass er sich unglücklich fühlt. Für unsere Stimmungen sind wir meist selbst verantwortlich.

Viertens: Wie diese Frau, die mich ab und zu um Rat fragt und nun ganz entrüstet klagte: „Stell Dir vor, da hat mich diese Hexe angerufen und mich beschimpft. Ich konnte die ganze Nacht nicht schlafen!"

„Warum konntest Du nicht schlafen?" fragte ich noch mal nach. „Na, weil sie mich doch beschimpft hat und das abends um 8.00 Uhr!" „Und das Geschimpfe und Schlechtmachen über Dich hast Du einfach so für bare Münze übernommen? Merkst Du denn nicht, dass Du dieser Frau damit Macht über Deine Gefühle gegeben hast? Nicht diese Frau hat Dich um den Schlaf gebracht. Das hast Du selbst getan. Du hast ihren bösen Worten einfach zuviel Bedeutung beigemessen. Das hat Dir den Schlaf geraubt."

Der Königsweg zum Glücklichsein ist nicht so sehr der materielle Besitz als vielmehr die Entscheidungsfreiheit, die du über dein Leben ausübst. Selbstbestimmtheit macht glücklich, Fremdbestimmtheit macht unglücklich. Nutze deinen Spielraum! Deine Gefühle gehören dir.

Der Mensch ist im Vorteil, der von einer glücklichen Kindheit erzählen kann, denn die schenkt meist Geborgenheit für ein ganzes Leben. Geborgenheit ist so wichtig für das Entstehen eines selbstbestimmten Glücks. Sie zu erreichen, dafür ist es nie zu spät. Seelenverwandte Menschen gehören dazu, sie begegnen einem per Zufall. Zufall ist dann das, was einem zufällt, also Schicksal. Auch eine aufrichtige Geselligkeit in einem Verein kann Geborgenheit vermitteln, ebenso der Anschluss an eine Kirchen- oder Pfarrgemeinde und auch das Engagement für ein öffentliches Projekt.

Ein Mensch ist nach Aristoteles ein zoon politike, ein geselliges Wesen. Wir brauchen einander, um in Geborgenheit glücklich zu sein. Beachtung, Anerkennung und Wertschätzung sind der Stoff, aus dem wir uns den einhüllenden wärmenden Mantel weben. Wer liebt und wieder geliebt wird, hat das alles auf einmal. Ich weiß von einigen glücklichen Paar - Beziehungen, die sich umsichtig über das Internet kennengelernt haben.

Fünftens: Nennen wir sie Frau Max und Herr Moritz. Beiden kann man oft begegnen. Seitdem Frau Max Witwe ist, hat sie keine rechte Freude mehr am Leben. Was hatte sie nicht alles mit ihrem Mann unternommen? Und jetzt, jetzt war alles vorbei. Frau Max blies nur noch Trübsal und hatte jeden Tag ein bisschen weniger Lust zu leben.

Herrn Moritz trifft man gern. Obwohl auch er inzwischen Witwer ist, macht er sich zweimal in der Woche im Pflegeheim nützlich, wo seine Frau verstarb. Nebenbei findet er neue Kontakte. „Man muss sich nützlich machen“, ist die Devise von Herrn Moritz. „Außerdem lernt man so noch neue Menschen kennen.“

Sichtbare Glücksspuren

Ja, das brauchen wir Menschen, um glücklich zu sein: etwas Nützliches tun und gute Kontakte pflegen. Begegnungen im Alltag sind die besten Anleitungen zum Glücklichsein, wenn man es recht bedenkt. Der Schauspieler Curd Jürgens (Des Teufels General) soll diese Weisheit geprägt haben: *Gib deinen Jahren mehr Leben, statt nur dem Leben mehr Jahre.*[3] Danach hat er, nicht immer nachahmenswert, gehandelt. Nicht jeder erreicht das Alter, das er erreichen könnte. Aber: Alt werden allein kann kein sinnvolles Lebensziel sein. Dein Leben braucht Sinn, einen sinnvollen Rhythmus und dein Leben braucht Menschen, die du magst und die dich mögen. Und bewege dich täglich und ernähre dich richtig mit abwechslungsreicher Kost, nutze die medizinischen Vorsorgeangebote. So beugst du unnötigen Alterserkrankungen vor oder milderst sie ab. An apple a day keeps the doctor away, sagen die Briten: Pro Tag einen Apfel hält den Doktor fern.

Fünfmal erste Gedanken zum Glücklichsein oder Unglücklichsein. Nicht immer, aber immer öfter sind wir unseres Glückes Schmied oder unseres Unglückes Schmied. Manche Beschwerden verschwinden mit den abgespeckten Pfunden.

Glücklicher sind die Älteren

Professor Ruut Veenhoven, niederländischer Glücksforscher, ist mit seinen Ergebnissen international bekannt geworden. Staunen macht, dass es meist wenig weltbewegend ist, was er an Glücklichmachern verkündet. *Eine Beobachtung ist, dass die sich meisten Menschen im Alter glücklicher fühlen.*[3.0] Dass die beste Form der Altersvorsorge eine positive Einstellung zum Alter ist, verrät uns die bekannte Schauspielerin Ruth Maria Kubitschek: *Ab 60 wurde mein Leben immer schöner, die Jahre zwischen 40 und 50 waren meine schwersten als Frau. Ab 60 habe ich dann nicht mehr darauf gewartet, dass andere mich glücklich machen.*[3.1] Sicher stimmt sie mit Coco Chanel überein: *Alter schützt nicht vor Liebe, aber Liebe schützt vor Altern.*[3.2]

Der mit 99 Jahren verstorbene Krupp-Manager Berthold Beitz erklärte die Freiheit für das höchste Glück und gleich danach den Mut, der aus der Freiheit folgt. So hat er im 2. Weltkrieg in Polen als Direktor einer Ölfirma mit einem unglaublichen Mut Hunderten von Juden das Leben gerettet, in dem er sie zu notwendigen Arbeitskräften für seine Raffinerie erklärte. Mit dem Mut der freien Entscheidung. Mehrfach setzte er dabei sein Leben aufs Spiel. Doch Glück im Leben gehört auch damit zusammen, dass wir unserem Gewissen folgen, selbst wenn es uns in Gefahr bringt. Das tat Berthold Beitz. Ein gutes Gewissen ist ein sanftes Ruhekissen und ein Garant fürs Glücklichbleiben. Beitz ging nach seinem inneren Gefühl vor, das Hermann Hesse so auf den Punkt brachte: *Damit das Mögliche entsteht, muss immer wieder das Unmögliche versucht werden.*[4] So hat Beitz auch Krupp mit der berüchtigten Kanone „Dicke Berta“ aus dem 1. Weltkrieg von einem Waffenkonzern zu einem Unternehmen mit friedlichen Produkten umgewandelt, auch gegen starke interne und politische Widerstände. Er blieb sich ein Leben lang treu,

Entscheidungsfreiheit mit Mut zu verbinden und mit einer gewissen Gelassenheit, wie Buddha es lehrt: *Wer mitfühlend lebt, dessen Leben wird gelassen.*[5] So war Berthold Beitz.

So kann man glücklich alt werden. Mindestens 99 Jahre! Daran angehängt noch eine kleine buddhistische Weisheitsgeschichte: *Drei Schüler wetteiferten einmal darum, welcher den besten Meister hatte. „Wenn mein Meister einmal ausatmet", sagte der Erste, „bläst er zehn Männer um wie ein Orkan." „Mein Meister trifft sein Ziel mit Pfeil und Bogen in finsterer Nacht und mit verbundenen Augen", sagte der Zweite. „Mein Meister kann etwas noch viel Schwierigeres", lächelte da der Dritte: „Wenn mein Meister sitzt, dann sitzt er, und wenn er isst, dann isst er."*[6] Nicht Angeberei und Hochmut machen glücklich, sondern, wie es in einem Adventslied heißt: *Ein Herz, das Demut liebet, bei Gott am Höchsten steht; ein Herz, das Hochmut übet, mit Angst zugrunde geht.* Auch wer nichts mit Gott am Hut hat, wird dem zustimmen.

Die Ansicht vom glücklichen Alter bestätigt auch die Wissenschaft. In der Mitte des Lebens, zwischen 40 und 50, liegen viele schwierige Entscheidungen und machen nicht selten unzufrieden, zumal der Blick auf den Arbeitsplatz und die spätere Rente die Sorgen vergrößern. Auch Kindererziehung ist nicht einfach nur Glück, sondern harte Arbeit, bis sie auf eigenen Beinen stehen. Glücklich machen die Kinder eigentlich dann, wenn sie eigenständig und später zur Stütze ihrer Eltern werden, also, wenn sie längst aus dem Haus sind. Auch das hat Ruut Veenhoven erforscht.

Das Leben ist wie ein Teppich[7] vergleicht Artur Schopenhauer: In jungen Jahren schaut man ihn sich von oben an und heftet den Blick auf die Schönheit der Muster; in späteren Jahren schaut man sich den Teppich von unten an und erkennt die Knüpfmuster. Auch im Alltag des Lebens kommt es darauf an, die Knüpfmuster zu erkennen und sich danach zu richten. Dazu braucht es Lebenserfahrung. Und weil die Älteren die Dinge des Lebens langsamer machen, füllt sich auch die Zeit und vertreibt die Langeweile, auch weil das scheinbar Leben schneller dahin schwindet. So der Philosoph. Schopenhauer nennt aber noch einen besonderen Grund für das Glücklichsein im Alter, was heute, dank der Pharmaindustrie, nicht mehr so stimmen muss: *Wir sind den bis dahin uns unablässig beunruhigenden Geschlechtstrieb endlich los.*[7.1.] Ob hier der Neid eines Besitzlosen spricht? Sein Kapitel *Vom Unterschiede der Lebensalter*[7.2] *leg*e ich Jung und Alt ans Herz: herzhaft, zeitlos und sehr ergiebig.

Bei den Älteren mit ordentlicher Rente geht es nicht mehr ums Vergleichen mit anderen, sondern um die Dankbarkeit für das erreichte Leben. Ältere ab 65 genießen die Ernte ihres Lebens, reagieren gelassener auf Probleme und haben aus langer Lebenserfahrung kluge Strategien entwickelt, Probleme zu bewältigen. Präzise wie ein feines Gerät passen sie ihr Verhalten der jeweiligen Situation adäquat, angemessen an. Ausgenommen natürlich Choleriker, die es in jedem Alter gibt. Von den Alten können die Jungen also eine Menge fürs Leben lernen. Man muss nicht erst warten, bis man selbst alt ist. Sich ergänzen macht glücklicher als sich vergleichen. Von einander profitieren, win-win, statt herzinfarktverdächtiger Konkurrenzkampf. Auf die positive Einstellung kommt es an: *Alles wird gut und wenn es nicht gut ist, dann ist es noch nicht das Ende.*[8]

Man kann darum sogar sagen, dass ältere Menschen im allgemeinen glücklicher sind als jüngere. Denn *Jüngere neigen dazu, sich Dinge zu kaufen, die sie nicht brauchen, um Menschen zu imponieren, die sie nicht mögen.*[9]

Am glücklichsten allerdings sind Kinder. Sie lachen im Durchschnitt 400 Mal am Tag, Erwachsene nur 20 Mal. Erich Kästner macht uns Erwachsene nachdenklich, wenn er meint: *Dass wir so werden wie die Kinder, ist nicht möglich; aber wir können versuchen zu verhindern, dass die Kinder so werden wie wir.*[10] Oder wollen wir, dass die Kinder das Lachen verlernen, wie viele Erwachsene, die vergessen haben, dass sie auch mal Kinder waren?

Und Vorsicht, Ihr Alten: Feste Standpunkte sind nicht immer gut. Es besteht die Gefahr, *dass je fester der Standpunkt ist, um so begrenzter der Horizont.*[11] Eine gewisse geistige Flexibilität schützt vor Altersstarrsinn und Griesgrämigkeit. Wer alles besser wissen will, von dem will man bald nichts mehr wissen. Marie von Ebner-Eschenbach ist berühmt für ihre hervorragende Aphorismen: *Man bleibt jung, solange man lernen, neue Gewohnheiten annehmen und Widerspruch ertragen kann.*[12] Choleriker erkannt man daran, dass sie das meist nicht wollen. Gewohnheiten sind gut, so lange sie nicht zu Spinnenweben werben, die alles Leben ersticken.

Bücherflut

In den letzten gut zehn Jahren ist geradezu eine Flut von Büchern über das Glück und wie man seines Glückes Schmied wird, erschienen.
Herausragend unter den neueren Autoren ist der Arzt und Kabarettist Eckhart von Hirschhausen mit seinem Buch *Glück kommt selten allein*[13] und auch der Wissenschaftsjournalist Stefan Klein mit *Die Glücksformel*[14], einer grundlegenden Untersuchung, die von den Ergebnissen der gegenwärtigen Hirnforschung ausgeht.
Vielleicht noch weniger bekannt, aber auf dem Vormarsch ist der Heidelberger Oberstudiendirektor, Ernst Fritz - Schubert. Er schrieb das Buch *Schulfach Glück – Wie ein neues Fach die Schule verändert*[15]. Zuvor hatte er dieses Fach an seiner Schule eingerichtet. Mittlerweile haben über hundert Schulen sein Konzept übernommen. Sogar Reha-Patienten und andere Zielgruppen können profitieren. Im Mittelpunkt seines Konzeptes, das viele praktische Übungen enthält, steht die Stärkung der Persönlichkeit, mit dem Ziel Probleme, Schwierigkeiten, Aufgaben mit Energie und Kreativität anzugehen. Zu viele Menschen geben zu schnell auf und fühlen sich dann unglücklich. Inzwischen gibt es ein weiteres Buch von ihm, *Glück kann man lernen - Was Kinder stark fürs Leben macht*[16], das ich nicht nur Pädagogen, auch Eltern oder Jugendbetreuern, sehr empfehle.

Glücklichsein ist Lebensbewältigung

Denn Anleitung zum Glücklichsein hat direkt mit einer ideenreichen Bewältigung des Lebens zu tun. Wir wollen keine übergestülpte , mit Brot und Spielen zufriedene, mit Glücksdrogen ruhig gestellte und dumm gemachte Wellness-Gesellschaft, wie sie Aldous Huxley schon 1932 in seinem Buch *Schöne neue* Welt heraufziehen sieht. Eine schreckliche Welt, in der alle nach dem gleichen Prinzip glücklich sein sollen.

Nein, jeder soll sein Glück bestimmen können, der Staat soll höchstens die Rahmenbedingungen liefern. Spätestens in der weiterführenden Schule sollte das Thema Glück ein lebenskundliches Thema sein, damit Menschen frühzeitig mit Lebensstrategien umgehen lernen und so weniger Kurzschlusshandlungen begehen. Es muss doch nicht sein, dass die Schule in der Beliebtheitsskala noch hinter der Zahnarztpraxis liegt.

Lebensbewältigung schließt den Schmerz, das Scheitern und das Unglück mit ein und sucht nach Auswegen, die zum Sinn und der Freude des Lebens zurückführen. Insofern meint Anleitung zum Glücklichsein nicht einfach immer gut drauf sein. Es geht nicht immer mit Roberto Blancos mitreißendem Rhythmus *Ein bisschen Spaß muss sein.*

Anleitung zum Glücklichsein beansprucht mehr als ein bisschen happy sein, es geht um Lebensbewältigung, um das Meistern von Krisen und um das Zurückgewinnen der Lebensfreude.

Ja, es gab sogar ein Buch mit dem Titel *Anleitung zum Unglücklichsein,* 1983 erschienen, das zum Kultbuch wurde. Es stammt von dem österreichischen Psychoanalytiker Paul Watzlawick, der in den USA lehrte, inzwischen verstorben. Auf humorvolle Weise beschreibt er die peinliche Tatsache, dass viele Menschen nicht glücklich sind, wenn sie nicht unglücklich sind, illustriert mit seiner berühmten Hammergeschichte.

Die Hammergeschichte oder :
Anleitung zum Unglücklichsein

Ein Mann will ein Bild aufhängen. Den Nagel hat er, nicht aber den Hammer. Der Nachbar hat einen. Also beschließt unser Mann, hinüberzugehen und ihn auszuborgen. Doch da kommt ihm ein Zweifel: Was, wenn der Nachbar mir den Hammer nicht leihen will? Gestern schon grüßte er mich nur so flüchtig. Vielleicht war er in Eile. Vielleicht hat er die Eile nur vorgeschützt, und er hat was gegen mich. Und was? Ich habe ihm nichts getan; der bildet sich da etwas ein. Wenn jemand von mir ein Werkzeug borgen wollte, ich gäbe es ihm sofort. Und warum er nicht? Wie kann man einem Mitmenschen einen so einfachen Gefallen abschlagen? Leute wie dieser Kerl vergiften einem das Leben. Und dann bildet er sich noch ein, ich sei auf ihn angewiesen. Bloß weil er einen Hammer hat. Jetzt reicht's mir wirklich.- Und so stürmt er hinüber, läutet, der Nachbar öffnet, doch bevor er Guten Tag sagen kann, schreit ihn unser Mann an: Behalten Sie Ihren Hammer.[17]

Anleitung zum Unglücklichsein, weil sich ein Mensch in etwas hinein steigert, was gar nicht ist. Der Mensch, so Watzlawick, verträgt nicht viel Glück. Es geht ihm wie dem Pessimisten, der nur dann glücklich ist, wenn er durch schlechte Erfahrungen in seinem Pessimismus bestätigt wird: „Siehst'e, habe ich ja schon immer gesagt!"

Big Brother is watching you

Eine todernste, zynische Form von Anleitung zum Unglücklichsein inszeniert Georg Orwell in seinem berühmt- schaurigen Zukunftsroman von 1948 mit dem Titel 1984. Darin entwickelt er die Entstehung einer totalen Überwachungsgesellschaft. *Big Brother,* der bis in die Schlafzimmer schaut, gibt für alle die neue Glücksdevise aus: *Krieg bedeutet Frieden/ Freiheit ist Sklaverei/ Unwissenheit ist Stärke*[18]. – Bleiben wir alle wachsam! 1984 ist immer möglich. Die Diskussion um die Löcherigkeit des Internets und die Aktivitäten gewisser Spionagedienste bedrohen unseren Spaß am freien Leben. Schon in der Antike glaubte man, dass viel Glück unweigerlich Unglück nach sich ziehe. Dafür waren die Schicksalsgöttinen, die Moiren, zuständig und im Märchen Dornröschen die Feen. Die dreizehnte, die nicht zur Tauffeier eingeladene, sprach den berüchtigten Fluch aus, der Dornröschen in einen hundertjährigen Schlaf schickte. Schicksal kommt von schicken.

Ein bisschen Mumm muss sein

Ich kenne Menschen, die sich vor einer notwendigen Veränderung in ihrem Leben drücken, in dem sie ständig alle möglichen Bedenken gegen gute Argumente auflisten. Da wird mit Kanonen auf Spatzen geschossen.

Jede Krise trägt auch neue Möglichkeiten in sich. Doch nur wer wagt, der gewinnt .

Wenn man das Leben als Spiel versteht, muss man ab und zu auch einen Einsatz wagen. Von nichts kommt nichts. *In dir muss brennen, was du in anderen entfachst und nur Begeisterte begeistern wieder.*[19] Vielen Menschen fehlt einfach ein bisschen Mumm! Wer nur auf Sicherheit aus ist, sollte keine angehenden Jungunternehmer unterrichten. Viele Menschen müssen mit dem dänischen Philosophen Sören Kierkegaard seufzen: *Der, der ich bin, grüßt wehmütig den, der ich sein möchte.*[20]

Viele Menschen leben ihr ganzes Leben mit angezogener Handbremse, immer nur mit Netz und doppeltem Boden und mit einer überstrickten Klorolle auf der hinteren Ablage im Auto. Das schafft Sicherheit, aber vielleicht auch ein heimliches Gefühl von ungelebtem Leben und ungenutzter Freiheit. Das ist es: Vor lauter Angst oder Zauderhaftigkeit leben viele Menschen nur einen kleinen Teil ihres wahren Potentials. *Manche schlafen auf dem Fußboden, vor lauter Angst, sie könnten irgendwann mal aus dem Bett fallen*[21]. Fahre mal dein Auto mit angezogener Handbremse, dann weißt du, wie sich so ein Leben anfühlt. Stärke deine Stärken und pflege nicht deine Schwächen. Erkenne deine Schwächen, aber pflege sie nicht noch mit Zeit, die du nötiger zur Konzentration auf deine Stärken brauchst. Mit Anselm *Grün müssen wir uns mit unseren Grenzen und Schwächen aussöhnen*[22]*,* statt uns ständig an ihnen zu reiben.

Es stimmt schon der abgenutzte Spruch: Träume nicht nur dein Leben, lebe deinen Traum. IKEA machte daraus den Werbeslogan: *Wohnst du noch oder lebst du schon*? Damit Du wirklich gerne und voller Lebenslust lebst, musst Du Dir auch schon selbst mal etwas Pflicht auferlegen, weil sich nur so Ziele vervollkommnen lassen. Wohl ist der Kant'sche Begriff der Pflicht vielfach missbraucht worden und auch der folgende ihm zugeschriebene Satz: *Ich kann, weil ich will, was ich muss.*[23] Doch es bleibt einer der genialsten Sätze, weil man ihn ganz leicht im Sinn in andere starke Richtungen lenken kann: Ich will, weil ich kann, was ich muss. Ich will, weil ich muss, was ich kann. Ich kann, weil ich muss, was ich will und so weiter. Starke Sätze, die aber alle in der Anwendung einen kritischen Geist bedingen. Dann können es befreiende Lösungs (An -) sätze sein, die manchmal dem Gordischen Knoten nahekommen. Lies nach bei Alexander dem Großen.

Es stimmt schon: *Das Träumen ist der Sonntag des Denkens.*[24] Aber es kann nicht immer nur Sonntag sein. Lass' dich von Ödön von Horvath warnen: *Eigentlich bin ich ganz anders, nur komme ich selten dazu.*[25] Ja, Schweigen ist Silber und Ausreden sind Gold. Katzengold! Wir meinen, ein Zuhause zu haben und leben im Innern unbehaust und unzufrieden. Karl Valentin hat es aufgedeckt: *Heute besuche ich mich. Mal sehn, ob ich zuhause bin.*[26] Gar nicht so witzig, wie es vordergründig scheint. Viele Menschen sind Weltmeister im Verdrängen. Sie treffen sich mit unheimlich vielen Leuten, sind in fünf Vereinen und vermeiden doch die Begegnung mit sich selbst. So kann man am Leben vorbeigehen. Die einen schütten sich mit Alkohol zu und die anderen mit Betriebsamkeit. Das Ergebnis ist das Gleiche: Man sucht ein Fass ohne Boden zu füllen. Sokrates, der große Grieche, pflegte den Grundsatz: *Erkenne dich selbst.* Kaum etwas ist nötiger und kaum etwas ist schwerer. Über andere wissen wir soviel zu beschreiben. Aber ich selbst? Wer bin ich eigentlich? Wer glücklicher sein möchte, muss mit sich selber anfangen. *Worauf es beim Glücklichsein am meisten* ankommt, ist, dass der Mensch bereit ist, das zu sein, was er ist[27], stellt Erasmus von Rotterdam fest, ein Zeitgenosse Martin Luthers.

Wer bin ich? Dietrich Bonhoeffer stellte sich diese Frage im Gestapo-Gefängnis 1944 und gab darauf eine eindrucksvolle Antwort, innerlich hin - und hergerissen zwischen *gelassen und heiter und fest und müde und leer zum Beten*[28].

Glück umfasst alle Seiten des Lebens

Der große Philosoph Artur Schopenhauer ist auch als großer Pessimist verschrien; nur partiell teile ich die Einschätzung. Seine Gedanken zum Glück sind in einem sehr lesenswerten, mit fantastischen Formulierungen gespickten schmalen Band unter dem Titel *Die Kunst glücklich zu sein* zusammengefasst: Willig *tun, was man kann und willig leiden, was man muss*[29], ist sein Bonmot zum Thema. Der Berliner Philosoph Wilhelm Schmid ergänzt in seinem kleinen, feinen Büchlein *Glück:*

Das größere Glück, das Glück der Fülle, umfasst immer auch die andere Seite, das Unangenehme, Schmerzliche und Negative, mit dem zurechtzukommen ist.[30]

Schmid bezeichnet das eigentliche Lebensglück als *Glück der Fülle,* zu dem *Nicht nur Gelingen auch Misslingen, nicht nur Erfolg, auch Misserfolg; nicht nur Lust auch Schmerz; nicht nur Gesundheit, auch Krankheit, nicht nur Fröhlichsein, auch Traurigkeit, nicht nur Zufriedensein, auch Unzufriedensein. Nicht nur erfüllte, auch leere Tage gehören. Das nennt Schmid die immer neu zu findende Balance in aller Polarität des Lebens...durch das ganze Leben hindurch*[31]. Das ist für Schmid das wahre Glück als *Fülle des Glücks* im Gegenüber von *Zufallsglück und Wohlfühlglück*[32]. Manchmal erfassen wir die Fülle des Glücks erst in der Rückschau, in der Erinnerung voll und ganz , also wenn es nicht mehr so vorhanden ist, weil der geliebte Mensch nicht mehr lebt.

Elisabeth Lukas als bekannteste Schülerin von Viktor E. Frankl macht es mit dem Bericht einer Klientin anschaulich: *Nach dem Tod meines Mannes verfiel ich in eine Dauertrauer. Ich war überzeugt, dass es nichts gäbe, das mich trösten könnte. Bis mir jemand erklärte, dass er eher Grund sähe, mich zu beneiden, als mich zu trösten, weil es nur wenigen Menschen vergönnt sei, eine so lange und glückliche Ehe wie die meine geführt zu haben. Da verstummte meine Klage und an ihre Stelle trat Zufriedenheit.*[33] Elisabeth Lukas fügt über den Durchschnittsmenschen an: *Er sieht nur das Stoppelfeld der Vergänglichkeit – aber er sieht nicht die vollen Scheunen der Vergangenheit. Bei einer Kerze dürften wir nicht nur bedauern, dass sie runter brenne, sondern vielmehr, dass sie Licht und Wärme gegeben habe. Je kleiner die Kerze wird, um so länger hat sie geleuchtet.*[34]

Manchmal haben wir im Leben die falsche Brille auf, wenn wir etwas bewerten. Noch einmal Schopenhauer : *Wenn es nicht ist, wie ich will, muss ich wollen, wie es ist.*[35] Wenn es im Leben mal nicht so glatt läuft, könnten wir Goethes Rat annehmen: *Auch mit Steinen, die man uns in den Weg legt, kann man etwas bauen.*[36] Salopper: *Wer nur Zitronen geschenkt bekommt, kann Limonade draus machen.*[37] Und: *Wenn dir schon das Wasser bis zum Halse steht, lass nicht auch noch den Kopf hängen.*[38]

Humor ist mehr als Spaß

Die Lage ist hoffnungslos, aber nicht ernst,[38.1] witzelt Paul Watzlawick.

Das klingt lustig, ist aber auch hintersinnig, ein verdeckter Mutmachsatz. Und in der Tat ist Humor kostenlos und mehr als Spaß. Kennst du den? *Ein Junge prahlt: Mein Onkel ist Priester, alle sagen Hochwürden zu ihm. Das ist noch gar nichts, brüstet sich ein Zweiter: Meiner ist Kardinal, alle sagen Eminenz zu ihm. Na, und wenn schon, grinst ein dritter Junge: Mein Onkel wiegt 200 Kilo, wenn der die Straße entlanggeht, rufen alle. Allmächtiger Gott!*[39]

Mit Humor lassen sich viele Situationen entschärfen. *Humor ist der Knopf, der verhindert, dass mir der Kragen platzt.*[40] Ist nicht jener zu beneiden, der anordnete: *Wenn ich sterbe, begrabt mich in einer Weinschenke unter einem Weinfass. Mit ein bisschen Glück wird das Fass lecken.*[41]

Humor ist der beste Humus und Kompost für ein entspanntes Leben. Zerfleische dich nicht selbst zynisch mit Redensarten wie: *Wenn man mich mal in den Sarg legt, hat man mich zum letzten Mal reingelegt.*[42]

Humor ist auch der Doktorhut der Mitmenschlichkeit. *Mit Humor und Geduld hast du zwei Kamele, mit denen du durch jede Wüste kommst.*[43] Apropos Kamele: Hat der israelische Staatsmann David Ben Gurion mit seiner Feststellung Recht: *Frauen sind die Kamele, mit deren Hilfe die Männer die Wüste des Lebens durchqueren*[44]*?* Wahre Liebe verleiht der Seele Flügel und jeder von uns ist ein Engel mit nur einem Flügel. Nur wenn wir uns umarmen, haben wir zwei Flügel und können fliegen. Und *wenn ich einen grünen Zweig im Herzen trage, wird sich schon ein Singvogel darauf niederlassen.*[45]

Liebe braucht Zeit füreinander

Am Anfang vertreibt die Liebe die Zeit. Später vertreibt die Zeit die Liebe. Damit dir das nicht passiert, musst du einiges darüber wissen, wie Beziehung zwischen Menschen funktioniert. Jemand meinte einmal überpointiert, aber nicht unrealistisch: *Wenn man seine Ehe auf Dauer erhalten will, muss man sich jeden Tag neu verheiraten.*[46] Da ist was dran, dass wir immer wieder an unserer Partnerschaftsbeziehung arbeiten und feilen müssen. Erinnere dich immer wieder daran, welchen Elan du vor der Ehe hattest, um diesen Menschen zu heiraten. Sonst könnte es sein, dass sich eines Tages nur noch eine Couch und ein Sofa gegenübersitzen. Nie darf der Partner zum Möbelstück degradiert werden. Das passiert aber, wenn man für alles Zeit hat, nur nicht genug für den liebsten Menschen. Alles was seinen Glanz behalten soll, braucht intensive Kontaktpflege, sonst überzieht der Staub alles. *Der kürzeste Weg zwischen zwei Menschen ist ein Lächeln.*[47] Ehe braucht Zeit füreinander, gerade auch dann, wenn die Kinder geboren werden. Da helfen feste Regeln für gemeinsame Freiräume. Wer immer im Gespräch bleibt, lebt sich nicht auseinander.

Man kann schon mal wütend die Tür zuknallen. Man kann aber auch anders reagieren: „Ich könnte dich jetzt erwürgen, aber dazu liebe ich dich viel zu sehr!“ Aus der Wut eine Liebesserklärung machen. Und nicht einfach seiner Wut den Lauf lassen. Wut wirkt wie Salzsäure und zerfrisst die schützende Hülle um die Liebe. Es kann sehr hilfreich sein, sich seine Gefühle und Bedürfnis zu schreiben, statt sie sich an den Kopf zu werfen. Schreiben zwingt zum genauen Hinsehen. So entsteht neues Zuhören und Verstehen, das sind die Eckpfeiler einer jeden Zweierbeziehung. Auch das Wiederholen, was einer sagt, unterstützt stark das Zuhören und Verstehen. Aufschreiben oder Wiederholen, was einem missfällt, was man braucht. So kann alles wieder gut werden bzw. gut bleiben.

Liebe, so hat es die neuere Hirnforschung herausgefunden, *wirkt wie Schmerzmittel oder Drogen*[48]. Das heißt, dass Liebesgefühle sogar körperliche Schmerzen lindern können. Ja, und berauschend war die Liebe schon immer, nicht immer zum Vorteil aller Beteiligten. Ganz wichtig hierbei ist die neue Erkenntnis, dass die intakte Liebe bei alt gedienten Ehepaaren dieselbe schmerzlindernde und beglückende Wirkung zeigt. Der Schauspieler Hugh Jackman, in seinen Filmen ein Draufgänger, ist zu Hause ein folgsamer Ehemann: *Ist die Ehefrau glücklich, hat man ein gutes Leben.*[49] Den Rekord an Ehejahren hielt ein britisches Paar. 80 Jahre lang waren sie verheiratet. Darauf angesprochen, was das Geheimnis ihrer dauerhaften Liebe war, antwortete der Ehemann lakonisch: *Auf alles, was meine Frau von mir wollte, sagte ich nur: Yes, my darling.*[50] So schafft jedes Paar 80 Jahre, wenn es nur alt genug wird. Daraus folgt, was schon die Hippies der 70er Jahre im letzten Jahrhundert propagierten Make love not war.

Was haben Menschen nicht schon alles bereut, was sie im Anfall von Wut wie mit Giftzähnen versprühten! Gift lässt sich nur schwer entziehen. Bei Ehestreit werden häufig Giftpfeile hin und her geschossen, die auf die Dauer immer schwerer herauszuziehen sind. Ein kluges Buch trägt den Titel *Pairing- Streiten verbindet*[51]. Streiten muss manchmal sein, denn nur, was sich ab und zu auseinandersetzt, findet auch wieder zusammen. Es ist wie mit dem bekanntlich reinigenden Gewitter, welches gute Luft erzeugt. Wer alles unter den Teppich kehrt, sammelt Gestank an. Goethe bringt noch einen weiteren Aspekt ins Spiel: *Im Ehestand muss man sich manchmal streiten, denn dadurch erfährt man was voneinander.*[52] Glücklich sind die Paare, die mit der Band *Silbermond* singen: *Du bist das Beste, was mir je passiert ist.*

Viele Menschen können nicht verbindlich streiten. Heute sind sie sich Stern und morgen nur noch schnuppe. Verliebt sind sie sich Licht, in der Ehe kommt die Stromrechnung! Verbindlich streiten! Viele zerstören mit giftigen Worten einer unkontrollierten Augenblickswut. Hier kann Theodor Fontane helfen: *Erscheint dir etwas unerhört/ Bist du tiefsten Herzens empört/ Bäume nicht auf, versuch's nicht im Streit/ Berühr es nicht, überlass es der Zeit./ Am ersten Tag wirst du feige dich schelten/ Am zweiten lässt du dein Schweigen schon gelten/ Am dritten hast du's überwunden/ Alles ist wichtig nur auf Stunden/ Ärger ist Zehrer und Lebensvergifter/ Zeit ist Balsam und Friedensstifter.*[53] Einfach schön.

Ich halte Fontane allerdings entgegen, dass in Ausnahmen der Zorn, nicht die unkontrollierte Wut, sondern der berechtigte Zorn, eine Kraft sein kann zu sagen, was zu sagen ist. Manchmal kann man nur mit der Kraft des Zorns etwas klären. Ist der Zorn weg, ist die Kraft weg.

Aber so erinnert die Bibel: *Lass bei all deinem Zorn die Sonne nicht untergehen.*

Wenn Männer mit ihrer Ehe vor anderen kokettieren, sind sie meist glücklich verheiratet, zum Beispiel Matthias Claudius: *Es legte Adam sich im Paradiese schlafen/Da ward aus ihm das Weib geschaffen./Du armer Vater Adam, du!/Dein erster Schlaf war deine letzte Ruh.*[54] Claudius, der den aufgegangen Mond bedichtete, war ein außerordentlich glücklicher Ehemann. Auch er wusste wie Fontane, was das Glück in der Ehe ausmacht: *Die Liebe lebt von liebenswürdigen Kleinigkeiten.*[55] Und von Kompromissen, füge ich hinzu. Ehe lässt sich auch mit einer politischen Koalition vergleichen, die im Prinzip über Kompromisse funktioniert. Es kann nicht immer nur einer seinen Kopf durchsetzen. Heinrich Heine: *Hat versalzen dir die Suppe/deine Frau, bezähm die Wut/sag ihr lächelnd: Süße Puppe/ alles, was du kochst, ist gut.*[56] Aus eigener Erfahrung rate ich, das eine oder andere gute Wort oder Gedicht auswendig zu lernen. Dazu gehört für mich ein Gebet vom Autor des Kleinen Prinzen, Antoine de Saint-Exupery: *Lehre mich die Kunst der kleinen Schritte. Daraus die Bitte: Schenke mir die nüchterne Erkenntnis, dass Schwierigkeiten, Niederlagen, Misserfolge und Rückschläge eine selbstverständliche Zugabe zum Leben sind, durch die wir wachsen und reifen.*[57]

Es stärkt ungemein, sich das rechte Wort im rechten Moment herzusagen. Ich bin beruflich mehrmals im Leben umgezogen. Dabei hat mir das berühmte

Gedicht *Stufen* von Hermann Hesse, dem großen Autor innerer Wandlung, viel gegeben. Einige Zeilen daraus: *Es muss das Herz bei jedem Lebensrufe/Bereit zum Abschied sein und Neubeginne/ Um sich in Tapferkeit und ohne Trauern/ In andere, neue Bindungen zu geben./ Und jedem Anfang wohnt ein Zauber inne/ der uns beschützt und der uns hilft, zu leben./ Nur wer bereit zu Aufbruch ist und Reise/ Mag lähmender Gewöhnung sich entraffen./ Wohlan denn, Herz, nimm Abschied und gesunde!*[58]

Jeder Abschied ist ein kleiner Tod. Trauere so, dass du für deine Zukunft gestärkt wirst. Trauer in neue Energie umwandeln. Das geht, wenn du akzeptierst, dass Trauer zum Leben gehört und dazu da ist, sich zu wandeln, sich neuen Zielen zuzuwenden. Lebe aus der dankbaren Erinnerung. Wenn das nicht geht, dann aus der Kraft des Zorns. Ja, ich sag's fürs Aufwachen auch mal knallhart: Werde nicht zum Zombie, zum lebenden Toten.

Du selbst kannst die Brücke sein

Es ist ja auch so, dass Unglücklichsein häufig selbst verursacht ist. Das Problem, das wir lösen wollen, können wir selbst sein: „Liebling, ich komme später, ich stehe im Stau." Nein, du bist mit deinem Auto in Wahrheit ein Teil des Staus. Lauf nicht weg vor der Realität, sonst lässt sie dich in deiner Scheinwelt allein. Alleinsein macht nicht glücklich. *Nicht weil es so schwer ist, packen wir es nicht an, sondern weil wir es nicht anpacken, ist es so schwer.*[59] Wie gerne machen wir uns etwas vor, nur um nicht anzupacken, was anzupacken ist. Aber es stimmt auch, dass wir manchmal einen guten Freund brauchen, der uns den nötigen Stoß gibt: *Ein Freund, ein guter Freund, das ist das Schönste, was es gibt auf der Welt,* sangen 1930 in dem Film *Die Drei von der Tankstelle*, u. a. mit Heinz Rühmann. Dazu passt: *Ein Freund ist einer, der alles von dir weiß und dich trotzdem liebt.*[60]

Theoretisch, ja, da wissen wir praktisch alles. Aber schon in der alten DDR ging der Spruch um: *Marx ist die Theorie und Murks ist die Praxis.* Ich selbst habe noch bei DDR-Besuchen eigenäugig riesige Spruchbänder wie dieses gelesen: *Die Lehre von Karl Marx ist allmächtig, weil sie wahr ist.* Lache ruhig herzhaft. Lachen lockert die Muskeln, löst die Verspannung, mindert den Schulterschmerz. Und wer nichts zu lachen hat, dem kann vielleicht das Weinen an einer ehrlichen Schulter ebenso weiterhelfen. In der Bibel steht: *Freut euch mit den Fröhlichen und weint mit den Weinenden.* Eine chinesische Weisheit, auch Martin Luther zugeschrieben, malt ein starkes Bild zur Trauerverarbeitung: *Du kannst nicht verhindern, dass die Vögel der Traurigkeit um deinen Kopf fliegen. Du kannst aber verhindern, dass sie Nester in dein Haar bauen.*[61]

Fazit: Zwischen Wissen und Umsetzen klafft häufig eine große Kluft. Wer hilft uns da rüber? Du selbst kannst die Brücke sein, wenn du nicht vor der Wirklichkeit davon läufst. Nichts tut der Mensch lieber, als sich selbst etwas vorzumachen. Mensch, wach auf!

Unglücklich durch Erziehung

Inwieweit Unglücklichsein sogar erblich sein kann und inwieweit die Erziehung hineinwirkt und die Eltern durch ihr eigenes freies und unfreies Wesen zum Glück und Unglück ihres Kindes beitragen, ist ein weites Feld und uferlose Diskussion.

Es gibt Menschen, die sich alles gefallen lassen, die sich selbst unbewusst in die Opferrolle bringen, nicht selten verschuldet durch repressive, die Selbstentfaltung unterdrückende Erziehung.

Das war ja in früheren Jahrhunderten gesellschaftliche Pädagogik: Bürger durften nur Untertanen sein, Frauen waren nur fürs Kinderkriegen da. Statt mitdenken, Kadavergehorsam. Auch die Kirche hat durch unreflektierte Übertragung der göttlichen Autorität auf menschliche Autoritäten ein gerüttelt Maß an geschichtlicher Schuld. Das Gebot: *Du sollst Vater und Mutter ehren,* das in Wahrheit die sozialen Beziehungen regelt – zu der Entstehungszeit des Gebotes gab es noch keine Sozialleistungen – diente als moralisches Druckmittel. Der Heidelberger Katechismus von 1563: Ich soll meinem Vater und meiner Mutter *und allen, die mir vorgesetzt sind*, alle Ehre, Liebe und Treue erweisen und alle gute Lehre *und Strafe mit gebührendem Gehorsam* annehmen…*weil Gott uns durch ihre Hand regieren will.* Wer konnte da noch aufmucken, wenn nicht nur Eltern, sondern alle Autoritäten, alle, die Macht hatten, von Gott eingesetzt waren, ob sie nun Gutes oder Böses im Schilde führten? So entstand, nach Meinung einiger Historiker, der preußische Kadavergehorsam, der deutsche Untertanengeist, der im Dritten Reich seinen traurigsten Tiefpunkt erreichte, *alle gute Lehre und Strafe mit gebührendem Gehorsam annehmen, weil Gott uns durch ihre Hand regieren will.* So kann sich auch Religion und Glaube in Anleitung zum Unglücklichsein verkehren.

Die Kraft des Zorns

Noch einmal die Kraft des Zorns. Sie kann sogar eine unglückliche Beziehung glücklich wenden, in dem einmal Klartext geredet wird. Immer wieder habe ich besonders Frauen erlebt, die, auf sich alleinstehend, nicht den Mut zum Zorn aufbrachten – ihnen wünsche ich, dass sie sich einen menschlichen Beistand suchen. Gemeinsam sind wir stärker. An dieser Stelle habe ich nichts gegen Lenin, der geäußert haben soll: E i n Stöckchen kann man übers Knie brechen, ein B ü n d e l aber nicht. Aggressionen, Arroganz, Unzuverlässigkeit oder unzureichende Beachtung erzeugen vielfach aufgestauten Ärger. Wird dieser Ärger nicht bearbeitet, sondern ins Unterbewusste verdrängt, meldet er sich immer wieder bei bestimmten Reizwörtern, Situationen oder Bildern. Nur wenn der Verursacher des Ärgers angesprochen wird, baut sich der Stau folgenlos ab. Nicht immer ist der Verursacher einsichtig. Entscheidend für die Verarbeitung ist aber schon die Begegnung, ein Gespräch oder ein Brief. Nicht angegangener starker Ärger mutiert leicht zu Stacheln in der Seele.

Tyrannen sind meist feige Menschen. Man muss nur den Mut haben, ihnen rechtzeitig deutlich zu widersprechen. Haben die Recht, die mit Hildegard Knef singen: *Der Mensch an sich ist feige?* Womit anscheinend die Großmäuligen und Tyrannen rechnen.

Was ist Glück?

Vielleicht ist das schon das ganze Glück: *Lebe so, dass sich alle, die dich gekannt haben, langweilen, wenn du gestorben bist.*[62] Bevor ich im Folgenden weitere ganz konkrete Strategien zur Steigerung des Glücks aufliste, versuche ich die Frage zu klären, was denn nun das Glück ist? Da hat jeder von uns andere Vorstellungen. Aber es gibt einige Übereinstimmungen. Vorweg wieder mein geliebter Schopenhauer: *Das Glück ist keine leichte Sache. Es ist in uns selbst und unmöglich, es anderswo zu finden.*[63] Es bringt also nichts, dem Glück hinterherzulaufen, ständig auf einen Sechser im Lotto zu hoffen. Und selbst der bringt nicht automatisch das Glück ins Haus. Das Glück ist ganz nah, in uns selbst liegt der Schlüssel. Wenn Jesus einen Menschen heilte, sagte er ihm: *Dein Glaube hat dir geholfen.* Glaube ist mit Zustimmung kombiniert. Das reimt auch Fontane: *Es kann die Ehre dieser Welt dir keine Ehre geben. Was dich in Wahrheit hebt und hält, muss in dir selber leben.*[64] Und noch einmal Fontane: *Glücklich machen ist das höchste Glück. Aber auch Dankbarkeit empfangen können, ist Glück.* [65]

Gute Gefühle, schlechte Gefühle

Neben der Liebe, die das höchste Glück ist und stärker ist als Krankheit und Unglück, darüber hinaus ist Dankbarkeit eine große Lebenskraft. Sie schützt vor Bitterkeit und einseitiger Lebensbetrachtung. *Du weißt ja nicht, wie schwer die Last ist, die du nicht trägst.*[66] Wer dankbar ist, ist auch immer mehr oder weniger glücklich. Mit *Dankbarkeit und Güte kannst du Haare aus des Löwen Bart ziehen*[67], glaubt man in Afrika. Dankbarkeit schützt vor Verzweiflung. Verzweiflung ist ganz gefährlich, sie ist die Krankheit zum Tode sinniert Kierkegaard. Da sollte sich keiner zu fein sein, Hilfe zu suchen. Krisen sind nicht einfach nur lästig. *Keiner ist weise, der nicht das Dunkel kennt*[68], richtet Hermann Hesse auf. Übrigens: Beten heilt nicht unbedingt von Krankheit, aber von und in Verzweiflung.

Gerade heutzutage merken viele Menschen gar nicht mehr, wie glücklich sie eigentlich sein könnten. Vor lauter Neid auf andere und vor lauter Sichärgern über andere sind sie nur noch misslaunig und verhören sich, statt Urinstinkt hören sie nur Urin stinkt[69], statt Rauchtischlampe fragen sie gereizt: Wieso raucht die Schlampe ?[70]

Neid, Missgunst produziert nur schlechte Galle. Besser ist: *Dem Fröhlichen ist jedes Unkraut eine Blume, dem Ärgerlichen ist jede Blume ein Unkraut.*[71] Kratze dich nicht immer, wenn es andere juckt. Mach' mal Urlaub vom Fernsehen. Was zuviel ist, ist zuviel. Alles kann zur Droge werden. Nicht *der Teufel hat den Schnaps gebrannt,* wir sind es nach Martin Luther, die sich von Gott oder dem Teufel reiten lassen.

Erst der Abstand schafft Klarheit und manchem wird sein beruflich voller Terminkalender eines Tages als ewiger Hamsterlauf im Rad bewusst. Besonders Männer sind im Älterwerden gefährdet, cholerisch, rechthaberisch und misslaunig zu werden. Das hängt damit zusammen, dass sich Männer mehr als Frauen über ihren Beruf definieren und eher Selbstwertprobleme bekommen, wenn sich das Leben drastisch ändert. Das beste Rezept dagegen ist Selbsterkenntnis, Runterschrauben und Anpassen von Ansprüchen. Das hat schon der alte Aristoteles so gesehen, dass wir uns unseren Möglichkeiten anpassen sollen und nicht alten Hüten nachjagen. Das Leben ist nun mal ein ständiger Veränderungsprozess und einmal hört es sogar auf. *Nichts dauert ewig, nicht einmal deine Sorgen.*[72] Du musst nicht immer den Starken spielen. Gib Schwäche zu, dann wirst du stark, denn: *Du kannst die Wellen nicht aufhalten, aber du kannst lernen, auf ihnen zu surfen.*[73]

Da fällt mir auch noch der Tenniscrack Roger Federer ein: *Es ist nett, wichtig zu sein, aber noch viel wichtiger ist es, nett zu sein*. Bescheidenheit, früher sagte man Demut, bringt Ruhe ins Herz. *In der Ruhe liegt die Kraft*[74], wie mitten im Herzen des Tornados Stille herrscht. Die frühere Hektik runterfahren und entschleunigen, achtsamer leben, das Gas vom Blutdruck nehmen, hält Herz und Kreislauf gesund. Wer sich alles zu Herzen nimmt, kriegt's auch am Herzen. *Heiterkeit entlastet das Herz*[75], diagnostiziert Hippokrates. Reg' dich ab, statt ständig auf. Du musst die Welt nicht retten, aber vielleicht kannst du deinen Nachbarn etwas glücklicher machen. Mach's wie der Papst, Johannes XXX: *Giovanni, nimm dich nicht so wichtig*[76].

Viele körperliche Symptome haben seelische Hintergründe. Unsere Sprache verrät es: *Mir läuft die Galle über; ich könnte vor Wut* platzen; *gleich kriege ich einen dicken Hals; mir schlägt das auf den Magen.* Kein Wunder, wenn da bald die Organneurose - seelische Konflikte, die sich organisch äußern - auf dem Fuß folgt und der Schlaganfall droht. Achte mehr auf deine Sprache, was und wie du redest. Es sagt dir viel über deinen Zustand. Analysiere nicht nur die anderen, auch dich selbst. *Wirble nie mehr Staub auf, als du bereit bist zu schlucken.*[77] In der Sprache der Bibel: *Was siehst du aber den Splitter in deines Bruders Auge und nimmst nicht wahr den Balken in deinem Auge?* Wie schwer Demut sein kann, macht uns ein Vorschlag des bis heute hochverehrten Papstes Johannes XXIII bewusst: *Nur für heute werde ich große Sorgfalt in mein Auftreten legen:*

vornehm in meinem Verhalten sein, ich werde niemanden kritisieren, ja, ich werde nicht danach streben, die anderen zu korrigieren oder zu verbessern – nur mich selbst[78] – nur für heute . Probelauf fürs Glück, glücklich machen und glücklich werden.

Glücklicher wirst du dadurch, dass du andere glücklich machst. Das geschieht auch, in dem du dich vielleicht nur an einer einzigen Stelle deines Wesens änderst. Ein kleiner Perspektivwechsel kann die ganze Lebensoptik spürbar zum Besseren wenden. Es gehört zum Schwersten, sich zu ändern, sich selbst zu besiegen. Ja, einen anderen besiegen, das kann sogar leicht sein, wenn man die Mittel dazu besitzt, aber sich selbst zu besiegen, ist die größte Tat. Wie ungenießbar einer ist, merken immer nur die anderen. Da hilft manchmal nur die Radikalmethode: auf den Kopf zu sagen.

Der berühmte Clown Grock meinte einmal: *Zu den wichtigsten Briefen gehören die, die ich nicht geschrieben habe.*[79]

Damit meinte er böse Reaktionen auf gemeine Vorhaltungen.

Glück ist jeden Tag möglich

Glück muss nicht außerordentlich sein. *Glück ist Regen, wenn es heiß ist/ Sonne nach dem Guss/ wenn ein Kind Eis ist/ Wärme, wenn es kalt ist/ Ruhe, die im Wald ist/ eines Freundes Hand/ ein gutes Buch/ Spaß in froher Runde/ freundlicher Besuch*[80]. So beschreibt es Clemens Brentano. Und hierzu auch mein Freund Fontane: Glück ist *eine Grießsuppe, eine Schlafstelle, keine körperlichen Schmerzen. Glück hängt davon ab, ob man friert oder warm sitzt, ob der Ofen raucht oder guten Zug hat*[81]. Wilhelm Schmid nennt es das Wohlfühlglück. Weil es so schön ist, noch einmal einige Verse aus dem Glück von Clemens Brentano:

Gück ist jeder neue Morgen,
Glück ist bunte Blumenpracht,
Glück sind Tage ohne Sorgen,
Glück ist, wenn man fröhlich lacht.

Glück ist Wärme, wenn es kalt ist,
Glück ist weißer Meeresstrand,
Glück ist Ruhe, die im Wald ist,
Glück ist eines Freundes Hand.

Glück ist eine stille Stunde,
Glück ist auch ein gutes Buch,
Glück ist Spaß in froher Runde,
Glück ist freundlicher Besuch.

Hinter das Glück schauen

Schon die alten Griechen wussten das Glück zu deuten. Epiktet: *Nicht die Dinge selbst, sondern unsere Vorstellungen darüber machen uns glücklich oder unglücklich.*[82] Das ist eine ganz wichtige Erkenntnis, die wir uns alle besonders merken und bedenken sollten: Nicht, was uns passiert, macht automatisch glücklich, unglücklich, sondern wie wir darauf reagieren, wie wir damit umgehen und welche Deutung wir dem Geschehen geben. Die Deutung ist so folgenreich für unser Gefühlsleben. Der Philosoph auf dem Thron, der römische Kaiser Marc Aurel, wusste schon was von Verhaltenstherapie: *Auf die Dauer der Zeit nimmt die Seele die Farbe deiner Gedanken an.*[83] Dagegen kannte die den Freuden des Lebens nicht abgeneigte Nonne Theresa von Avila ein Rezept: *Wenn Beten dann Beten, wenn Ente dann Ente.*[84] Beten, Essen, Lieben, alles hat seine Zeit. Eine Deutung aus dem Glauben ist dieses berühmte kurze Gebet: *Herr, gib mir Gelassenheit, Dinge hinzunehmen, die ich nicht ändern kann. Gib mir den Mut, Dinge zu ändern, die ich ändern kann. Und gib mir die Weisheit, das eine vom anderen zu unterscheiden.*[85] Glaube kann dem Leben große Stabilität verleihen und ein unerschütterliches Fundament. Glaube und Glück lassen sich aber nicht befehlen. Vertrauen ist hier das Zauberwort. Und Warten, wie Hermann Hesse in seinem Buch Siddharta ausführt. Denn *das Gras wächst nicht schneller, wenn du daran ziehst.*[86] Zum Warten gesellt sich die Toleranz, die im Kern von der Geduld lebt. Geduld bringt Opfer.

Es ist auch nur die halbe Wahrheit zu meinen, *wo ein Wille ist, da ist auch ein Weg*[87]. Die ganze Wahrheit lautet: Wo ein Sinn ist, da ist ein Wille und ein Weg. Immer dann, wenn du einen Sinn in deinem Schicksal findest, erfährst du die Kraft weiterzuleben, neu anzufangen und zufrieden zu werden. Mit Friedrich Nietzsche : *Wer ein Warum zu leben hat, erträgt fast jedes Wie.* [88]

Viktor E. Frankl, Wiener Neurologe und Logotherapeut, ärztlicher Seelsorger,1997 -92jährig verstorben, führt auch Goethe für seine These vom

Sinn im Leiden an: *Es gibt keine Lage, die man nicht veredeln könnte entweder durch Leisten oder Dulden.*[89] Das Dulden selbst hält Frankl für eine Leistung. Es kommt immer auf die Deutung und Bedeutung an, die du den Dingen und Ereignissen deines Lebens beimisst. Dabei solltest du auch deinen Typ selbstkritisch in Betracht ziehen. Davon hängt wesentlich ab, ob und wie du Enttäuschungen, seelische Verletzungen und Unglück meisterst. Jede Generation muss neu Leben lernen.

Den Sinn finden und an die Liebe glauben

Eben, wo ein Sinn ist, da ist immer ein Wille. Da kann man mit seinem Leiden noch etwas leisten, wie Viktor E. Frankl es sogar im Konzentrationslager praktizierte. Sinn ist immer vorhanden, nur nicht immer offenkundig. Es muss nach ihm geschürft, gegraben, um ihn gerungen werden. Nimm dir Freunde dazu. Ich kenne Menschen, die mir in ihrem Leiden großartige Vorbilder waren und sind – sie lehren mich die Kunst des Lebens. Das Leben meistern ist die Kunst. Meistern bedeutet nicht, täglich vor Glücksgefühlen im Sechseck zu springen. Sechs im Lotto können für den Moment berauschen, tragen aber nicht unbedingt zum dauerhaften Glücklichsein bei. Ja, auch ich kenne den süffisanten Spruch: *Reichtum ist die angenehmste Art, unglücklich zu sein.*[90] Und doch: Fragen wir nicht nur warum, sondern auch wozu. Wozu sucht zielgerichtet aktiv nach einem Sinn, der das Weiterleben ermöglicht. Beispiel aus der Zeitung: Eltern verlieren ihr einziges Kind durch einen Verkehrsunfall. Einige Zeit später gründen sie eine Stiftung, die verunfallte Kinder und Familien unterstützt. Aus ihrer Trauer, ihrem Leiden, haben diese Eltern eine Leistung gemacht, in dem sie nun für andere in ihrer Not etwas tun und so die eigene Leere sinnvoll füllen. Das ist Lebenskunst im besten Sinn. Negatives Gegenbeispiel, auch aus der Zeitung: „Heute ist der erste, der fünfte, der zehnte Jahrestag, an dem unser Sohn von einem gemeinen Menschen ermordet wurde." So konserviert und zementiert man Leiden und erstarrt innerlich. Es ist, als zöge man den Vorhang zum Leben zu.

Die Frage nach dem Sinn des Lebens, die Suche nach Glück, Freude und die Erfahrung von Liebe sind häufig ein und dasselbe. Davon singt Roger Whittaker. Singe, wenn möglich, mit: *Wenn zwei Herzen sich verlieben/Lernt die Seele neu zu fliegen/Und die Sehnsucht trägt ein neues Kleid/Aus Sonnenschein/Wenn zwei Herzen sich finden/Und sich ganz eng verbinden/Dann* wird kein Tag mehr so wie früher sein/Wenn zwei Herzen sich vereinen/*Kann ein Mensch vor Freude weinen/Das erleb ich jeden Tag/Wenn ich nah dir bin/ Ich bin in deinen Armen/Dem Wunder nah gekommen/Du gibst meinem Leben /neuen Sinn.*[91] Liebe ist immer möglich. Alter schützt vor Liebe nicht. Gott sei Dank. Besonders Frauen empfinden es als eine Art Verrat am verstorbenen Partner, noch einmal neu ihren Gefühlen nachzugeben. Es stimmt schon: Liebe ist eines der besten Heilmittel. Mir sind öfter ältere Paare begegnet, die miteinander ihre verstorbenen Partner in würdigem Andenken behalten und gemeinsam die Gräber besuchen. Gemeinsam erträgt sich das Leid leichter. Sage nie nie, aber du musst dich auch zu nichts zwingen. Denn das Glück kommt sowieso nur unverhofft wie ein Vogel, der sich auf deiner Hand nieder lässt. Manche Frau wurde erst dann schwanger, als sie allen Glauben an eigene Kinder aufgegeben hatte.

Auf die Perspektive kommt es an

Viele werden mit dem Altwerden nicht fertig. Hier hilft ein Perspektivwechsel, nur ein kleiner Schwenk, nämlich: *Das Alter ist wie die Woge im Meer. Wer sich von ihr tragen lässt, schwimmt oben auf. Wer sich dagegen aufbäumt, geht unter.*[92] So einfach ist das mit dem Glück. Oft nur einen anderen Blickwinkel einnehmen. Man kann es auch scherzhaft sagen: Wenn Eltern von schwierigen Kindern sprechen, schimpfen Kinder von schwer erziehbaren Eltern. Pubertät ist, wenn die Eltern schwierig werden oder wenn Schüler über ihren Lehrer urteilen: *Unser Lehrer hat keine Ahnung; ständig fragt er uns was.*[93] Wer hat dieses Vorurteil wohl gefällt: *Die Kinder von heute sind Tyrannen, sie widersprechen ihren Eltern und ärgern ihre Lehrer.*[94] Das war der weise Sokrates vor 2300 Jahren, der doch so gelassen gewesen sein soll. Also auch er konnte sich ärgern und dann war er gar nicht mehr so weise. Auf den Blickwinkel kommt es an. Seufzt die alte Dame: *Nichts ist umsonst, selbst eine Dummheit muss man erst mal machen.*[95]

Vieles hält man nur mit Humor aus. Im richtigen Moment den passenden Humor finden und mancher Krieg wäre nicht passiert. Ein kleiner Kameraschwenk kann schon ausreichen. Viele Therapien hätten durch Einsicht mehr Aussicht auf Erfolg. Viktor E. Frankl empfehle ich unter anderen zu lesen, wenn wir mit irgendetwas nicht fertig werden. Er ist der Begründer der Logotherapie, die nach dem Sinn in Krisen fragt und nach Auswegen sucht. Beispiel: Ein junger Mann ist durch einen Motorradunfall im Gesicht entstellt. Er will nicht mehr leben. Frankl stellt nur fest: *Sie sind doch mehr als Ihr Gesicht.*[96] Nun hat der junge Mann ein neues Selbstwert- Bild von sich. Bisher hatte er sich nur auf sein entstelltes Gesicht reduziert. Reduktion ist Selbstentwertung und fördert Depressionen. Minderwertigkeitskomplexe, ein Begriff von Alfred Adler, kann man auch selbst züchten. Viele Menschen merken gar nicht, wie sie sich mit negativen Selbstbeschimpfungen runter machen. Manche ohrfeigen sich regelrecht mit verletzenden Worten.

Ich bin mehr als…

Wir sagen: Hauptsache gesund! Eine fragwürdige Einstellung. Was ist, wenn wir chronisch krank werden? Ist das Leben dann weniger wert? Ich, du, wir sind mehr als unsere Gesundheit, mehr als unsere Krankheit, mehr als unser Krebs, mehr als unsere Depression. Wir haben einen Mehrwert, der nicht von äußeren Dingen abhängig ist. Damit lässt sich mit und in Krisen besser umgehen. Unbewusst entwerten wir uns in Krisensituationen und verschlimmern unseren Zustand. Selbst das Schlimmste kann zum neuen Anfang werden.
Manchmal müssen wir uns häuten, damit es weitergeht, die alte Haut ablegen. Das geht nur durch Tränen, Selbstzweifel und Schmerz. Ich denke an die Frau, der durch den Tod ihres Kindes die Ehe zerbrach, der Job verlorenging und die nun zum zehnten Mal eine Absage auf ihre Bewerbungen erhielt. „Was mache ich nur falsch?" Vielleicht gar nichts. Manchmal ist mitten im Leben Stillstand. Aber du bist mehr als der Stillstand, mehr als deine Selbstzweifel. Du hast einen Mehrwert, mehr noch: Du bist ein Mehrwert, ganz unabhängig von deinem gegenwärtigen Status. Und wenn noch Leben in dir ist, bleibst du ein Hoffender. Überpointiert: Wir Menschen sind hoffnungslos Hoffende. Was ich aber im Frankl'chen Sinn lebensbejahend als die Trotzmacht des Geistes verstehe, als den Willen zum Leben, manchmal gegen allen Schein. Albert Schweitzer kommt mir in den Sinn, ein zentraler Satz aus seiner *Kulturphilosophie : Ich bin Leben, das leben will, inmitten von Leben, das leben will.* Wenn wir Menschen auf der ganzen Erde nur diesen einen Satz verinnerlichen, dann leben wir in der Gewaltlosigkeit eines Buddha, eines Jesus, eines Mahatma Gandhis und Martin Luther Kings. Es wäre ein großer Irrtum diese Gewaltlosigkeit für Passivität zu halten, sie ist der einzige Weg der Menschheit, nicht das Los der Dinosaurier zu teilen. Noch sind wir leider nicht so weit mit der Erkenntnis. Doch zum Trost: Wir bleiben hoffnungslos Hoffende!

Parallel oder pyramidal

Es gibt immer einen Sinn, glaubt Frankl, man muss sich immer wieder auf die Suche machen und sich dabei Unterstützung suchen.

Nicht, was uns passiert, ist entscheidend in unserem Leben, sondern was wir daraus machen, ist Frankls Credo. Richte dein Leben parallel ein, nicht pyramidal. Parallel meint: Ziehe Netze ein, pflege Freundschaften und Kontakte, damit du, wenn du fällst, nicht auf den Boden durchschlägst. Pyramidal ist dein Leben, wenn es nur auf einen einzigen Menschen ausgerichtet ist; wenn der wegfällt, fällt deine einzige Lebensgrundlage weg, du schlägst von der Spitze nach unten durch, ohne Netz und doppelten Boden.

Es sind nach Epiktet nicht die Dinge, nicht die Realitäten, sondern unsere Vorstellungen darüber, die über glücklich und unglücklich entscheiden: *Was du denkst, das bist und fühlst du. Was du bist und fühlst, strahlst du aus. Was du ausstrahlst, ziehst du an. Achte deshalb gut auf deine Gedanken und Gefühle.*[97]

Nicht nur andere können uns enttäuschen, wir selbst tun es uns auch an. Davon betroffen sind unsere Überzeugungen und Glaubensansichten: *Wie einer ist, so ist sein Gott, darum wird auch Gott so oft zum Spott.*[98]

Glücks – Steigerungs - Strategien

Auf ein Wort

Bisher haben wir schon eine ganze Menge Tipps für ein glückliches Leben erfahren. Jetzt soll es noch mal konkreter zugehen mit den Erkenntnissen aus der *Psychologie des Glücks*[99] von Anton A. Bucher, einem neueren wissenschaftlichen Werk. Eigentlich muss man als interessierter Laie nur die letzten Seiten lesen und die sind eine wahre Fundgrube für Buchers *14 Strategien, das Glück zu steigern,* die er aus Untersuchungen von M.W. Fordyce zitiert, einem neuseeländischen *Psychologen.*

Aus Anton A. Buchers Psychologie des Glücks lässt sich folgern, dass es nicht reicht mit Descartes einzustimmen: *Ich denke, also bin ich.* Viel wichtiger ist Martin Bubers Maxime, dass *alles wirkliche Leben Begegnung ist.*

Hier nun Fordyce Ergebnisse zur *Glückssteigerung in 14 Strategien*[100]*:*

Nr. 1 Sei aktiver und stets beschäftigt!

Das bedeutet nicht, in Betriebsamkeit zu rotieren, um vielleicht im Burnout mit einer Erschöpfungsdepression zu landen. Im Gegenteil gehört dazu , die Seele einmal baumeln zu lassen und Dinge ohne besondere Zweckbestimmung zu tun, z. B. einfach nur stundenlang aufs Meer zu schauen oder wie in Kindertagen aus einem dünnen Ast eine Flöte zu schnitzen oder das Treiben der Wolken zu beobachten. Die Psychologie nennt das *Flow,* Fluss - fließen, die völlige Hingabe an Menschen und Dingen. Frankl nennt es *Dereflektion,* von sich selbst absehen, sich selbst vergessen, mit der Arbeit, der Aufgabe, dem Moment verschmelzen. Das gelingt gut mit *der Paradoxen Intention,* mit der man sich nach Frankl gerade das wünscht, wovor man Angst hat, um sich so selbst zu entkrampfen. Das schafft Selbstdistanz. Sich von sich selbst distanzieren, besonders mit Humor, entspannt und entkrampft enorm. Der Chirurg, der unter den Augen des Professors mit den Händen zittert, sagt sich jetzt nach Frankl: „Nun werde ich meinem Chef mal zeigen, wie gut ich zittern kann.“ *Paradoxe Intention.*

Albert Einstein hat Flow witzig einmal so formuliert: *Wenn man mit einem netten Mädchen zwei Stunden zusammen ist, hat man das Gefühl, es seien zwei Minuten. Wenn man aber zwei Minuten auf einem heißen Ofen sitzt, hat man das Gefühl es seien zwei Stunden.*[100.1] Flow ist eher der erste Teil seiner Ausführung, wenn die Zeit wie im Flug dahin fliegt.

Selbst wenn man gebrechlich ist, kann man noch Zufriedenheit daraus schöpfen, für andere zu beten oder einfach nur für die Enkel noch da zu sein oder im Altenheim „Mensch-ärgere-dich-nicht“ zu spielen, wie ich es in einem Altenheim beobachtete, in dem ich 14tägig eine 104 Jährige besuchte. Es machte mich glücklich, ihr begegnet zu sein. Ich sang ihr alte Schlager von Willy Schneider: Man müsste noch mal zwanzig sein und so verliebt wie damals oder *Schütt' die Sorgen in ein Gläs'chen Wein* und sie summte dazu. Ich stehe zu meinen Stärken. Singen tu ich für mein Leben gern und auch nicht schlecht, z. B. seit Jahren beim Karneval, auch schon mal mit einem Kosakenchor und sonst schon mal solo.

Singe gerade dann, wenn dir nicht danach zumute ist. Martin Luther riet einem depressiven Organisten gerade jetzt die Orgel zu spielen, wo er keine Lust dazu verspüre. Damit würde er, so Luther in seiner drastischen Sprache, *dem Teufel eins auf die Schnauze hauen*[101]*,* der ihn gerne traurig sähe.

Wie wenig es braucht, froh zu sein, miteinander zu lachen und glücklich zu sein, mag das folgende Experiment verdeutlichen: Wer schafft es, in froher Runde möglichst flott folgenden Satz fehlerfrei zu sprechen: *Blaukraut bleibt Blaukraut und Brautkleid bleibt Brautkleid?*

Alt sind wir nach Albert Schweitzer, wenn wir keine Ideale mehr haben, wenn uns alles gleichgültig wird, wenn das Fernsehen zum täglichen Lebensinhalt wird und man es kaum erwarten kann, dass das Abendprogramm beginnt. Der Mensch will etwas schaffen. In der harten Nachkriegszeit nach 1945 gab es erwiesenermaßen viel weniger Depressionen als im heutigen Wohlstand, weil die Menschen mit dem Überleben beschäftigt und so von sich abgelenkt waren.

Nr. 2: Verbringe mehr Zeit in guter Gesellschaft!

Gute soziale Kontakte sind noch vor Erfolg und Einkommen die größeren Glücksbringer. In Deutschland herrscht ein besonders ausgeprägtes Vereinswesen. Nie gab es so viele Möglichkeiten, Kultur zu genießen und sich anzuschließen. Bringe dich ehrenamtlich ein. Niemand muss allein bleiben. *Habe nicht nur den Mut, dich deines eigenen Verstandes zu bedienen,* womit Immanuel Kant die Aufklärung einleitete. Habe auch den Mut, auf andere zuzugehen.

Wir Menschen sind nach Aristoteles gesellige Wesen und angewiesen auf Kontaktpflege und Frohsinn, über die eigene Familie hinaus: *Wo man singt, da lass dich ruhig nieder, böse Menschen haben keine Lieder.*[102] Als kategorischen Imperativ des menschlichen Miteinanders verstehe ich Martin Bubers Feststellung aus seinem Buch *Ich und Du: Alles wirkliche Leben ist Begegnung.* Ich begegne, also bin ich. *Ich denke, also bin ich,* ist nur die halbe Wahrheit.

Nr. 3: Sei in sinnvoller Arbeit produktiv!

Jeder kennt das Gefühl, unbedingt eine Arbeit, die man sich vorgenommen hat, fertig zu bekommen. Dabei möchte man manchmal alles hinschmeißen. Wenn man aber durchhält, entwickelt sich ein besonderes Glücksgefühl. Vergleichbar einem Bergsteiger, der nach höchster Anspannung auf den Gipfel gelangt. Es gilt: Sinnvoll ist eine Arbeit, die dich voll in Beschlag nimmt und auch, wenn du damit andere Menschen glücklich machst. *Froh zu sein bedarf es wenig und wer froh ist, ist ein König. E*in alter Poesiealbumspruch beinhaltet das Glücksrezept: *Willst du glücklich sein im Leben, trage bei zu andrer Glück, denn das Glück, das du gegeben, kehrt zu dir zurück.*

Inzwischen wissen wir durch die moderne Hirnforschung, dass *das Glück hinter der linken Augebraue sitzt*[103]. Denn die linke Gehirnhälfte ist für die Glücksgefühle zuständig. Unser Körper schüttet Glückshormone aus, die Endorphine, körpereigene Opiate, die uns bei Hochleistung ein Rauschgefühl vermitteln. Der Botenstoff Dopamin treibt uns zu Leistungen an. Serotonin hellt uns auf. Warum steigen Menschen auf Berggipfel, laufen Marathon oder betreiben Mountainbiking? Weil der Körper diese Endorphine dabei freisetzt und gute Gefühle macht. Im Chor singen, kann das auch bewirken oder in fröhlichem Kreis beieinander sitzen. Darum tun wir das alles auch. Wir wollen es und wir brauchen es, glücklich zu sein. So oft wie möglich und so lange wie möglich. Es gelingt nicht immer, aber um mit einem Werbespruch von Toyota zu antworten *immer öfter.* Alles ausführlich und hoch spannend nachzulesen in Stefan Klein *Die Glücksformel,* eine mehr wissenschaftliche Anleitung zum Glücklichsein.

Neuerdings sollen sogar die eigenen Zähne beim Kauen die Synapsen, die Nervenenden im Gehirn, zu vermehrter Tätigkeit anregen und so für mehr Hirnaktivität und damit Wohlbefinden sorgen. Pech hat, wer mit einem Gebiss auskommen muss. Da kann man nur noch mit einem Lied aus der alten *mundorgel* gegenhalten: *Die Wissenschaft hat festgestellt, dass Marmelade Fett enthält.*

Nr. 4: Sei gut organisiert und plane wohldurchdacht

Wer nicht weiß, wohin er will, landet ganz woanders. Jeder Mensch braucht eine Struktur in seinem Leben, in seinem Alltag, jeden Tag.

Ein abwechslungsreicher Rhythmus beglückt. Es hat sich bewährt, einen Wochenkalender zu führen. Ein Segenswort von Christa Spilling-Nöker kann als Leitlinie für jeden neuen Tag dienen:

Ich wünsche dir, dass du deinen Tag lächelnd beginnen kannst und dass du die Anforderungen nicht als Einengung erlebst. Man kann Probleme als Einengung oder Herausforderung betrachten. Einengung lähmt, Herausforderung mobilisiert Kräfte. Man kann sein Leben pyramidal oder parallel ausrichten. Und noch einmal Aristoteles. In seiner *Nikomachischen Ethik*[104], einem Werk, das schon beinahe alle modernen Anleitungen zum Glücklichsein enthält, liegt das Glück wesentlich in erfüllender Tätigkeit. Materieller Besitz spielt eine untergeordnete Rolle. Erkennen, was man könnte, ist viel wichtiger. Dann sei mit Gelassenheit hinzunehmen, was nicht zu ändern ist. *Glücklich ist, wer vergisst, was doch nicht zu ändern ist,* ist eine heilsame Botschaft in Johann Strauss' Operette *Die Fledermaus.*

Finde den Ausgleich zwischen deinen Möglichkeiten und Ansprüchen.

Nimm aktiv hin, was nicht zu ändern ist. Jedes Menschenleben bleibt nach Dietrich Bonhoeffer Fragment, auch bei größtem Erfolg! Unsere Vergänglichkeit mahnt uns zur Demut. Hoffnung, die darüber hinaus geht, beflügelt, macht getrost, innerlich unabhängiger von irdischen Gütern. Der indische Nobelpreisträger Tagore: *Am reichsten sind Menschen, die auf das Meiste verzichten können.*[105.1]

Nr. 5: Beende die Besorgnis

Sorge dich nicht, lebe, ein Weltbestseller von Dale Carnegie, 1948, noch heute lesbar, wenn auch sehr amerikanisch mit knalligem Optimismus. Stiller lese man auch Jesu Worte von der Sorge im Matthäusevangelium, im sechsten Kapitel: *Sorgt nicht für morgen. Der morgige Tag wird für das Seine sorgen. Es ist genug, dass ein jeder Tag seine eigene Plage hat.* Was ist wirklich wichtig? Was wäre wirklich das Schlimmste? Ein Unglück oder eine unglückliche Reaktion darauf? *Selbstvertrauen gewinnt man dadurch zurück, dass man genau das tut, wovor man Angst hat und auf diese Weise eine Reihe von erfolgreichen Erfahrungen sammelt.*[106]
Hast du ein starkes Ziel, werden deine alltäglichen Sorgen kleiner, es ist, als ob du dich vom Mond aus betrachten würdest. Da wird vieles kleiner, was du bisher für übergroß gehalten hast. Sprich mit deinen Sorgen wie mit einem guten Freund, dem du vertrauen kannst. Behandle deine schmerzenden Glieder nicht wie einen Feind. Gehe barmherzig mit ihnen um, denn du wirst sie nicht los. *Wenn du den Löwenzahn nicht vernichten kannst, liebe ihn.*[107] Was du liebst, ist nicht mehr dein Feind. Zur Erinnerung: *Liebe ist das Einzige, was sich verdoppelt, wenn man es teilt*[108]. Hass zerstört dich selbst. Hör auf zu hassen. Nichts ist irdisch ewig. Sage nie: Der ist für mich gestorben! Stell dir vor, von dir würde jemand so denken. Bedenke die Goldene Regel, die so alt ist wie die Menschheit, weil sie einfach wahr ist und stimmt: Was du nicht willst, was man dir tu, das füg auch keinem anderen zu. Das ist die Weltfriedensformel!
Gemeint ist hier bei allem nicht, sorglos oder rücksichtslos zu leben. Sorgen lassen sich nicht einfach abschalten. Es ist aber die Frage, wie du dich sorgst. Du kannst dich auch zersorgen und dich freiwillig ohne Not auseinandernehmen. Schütt die Sorgen in ein Gläschen Wein, schau aber nicht zu tief hinein. Packe deine Sorgen in Lieder ein, teile deine Sorgen mit anderen.

Wenn deine Ehe nur noch Spannung ist: Frage dich, was für Eigenschaften des Partners dich dazu gebracht haben, ihn zu lieben. Redet darüber. Erinnert euch. Denn: *Erinnerungen sind wie Rosen im Winter.*[109] Mehr noch: *Erinnerung ist das einzige Paradies auf Erden, aus dem wir nicht vertrieben werden können.*[110] *Erinnerung ist das Geheimnis der Erlösung*[111]. Auch in politischen Fragen. Darum darf in manchen Fällen die Vergangenheit eben nicht ruhen. Weil sich böse Geschichte sonst wiederholen könnte.

Nr. 6: Reduziere deine Erwartungen und Ziele

Fordere dich, aber verlange nicht zuviel von dir. Denn sonst machst du es wie der Fuchs in der Fabel, der nach zu hohen Trauben springt. *Du kannst dir nicht immer die Lebensumstände aussuchen, doch wie du mit ihnen umgehst, schon.*[112] Realistisch, deinen Fähigkeiten entsprechend, wusste schon Aristoteles: *Glückliche Personen erhalten, was sie wollen, weil sie wollen, was sie erhalten.*[113] Sich immer wieder mal selbst justieren. Wer immer nur den Bogen spannt, überspannt ihn. Weißt du eigentlich, wie glücklich du sein könntest? Kennst du den Unterschied zwischen Ehrgeiz und Allmachtsphantasien? Weißt du genau um deine negativen Gefühle in bestimmten Situationen? Kannst du gönnen, Glück, Erfolg anderer?

Du kannst dir Menschen zum Vorbild nehmen, aber unterwirf dich nicht. Achte darauf, ob du zu Zwanghaftigkeit neigst. Erstarre nicht in dir selbst. Büßen müssen es auch die von dir Abhängigen, bzw., die mit dir leben müssen. Als Kontrastprogramm lass deine Wohnung drei Tage oder länger unaufgeräumt, falls du überordentlich bist. Gönne dir mal was Verrücktes, ohne dabei anderen zu schaden. Gönne dich dir selbst, schrieb schon im 12. Jh. der Zisterzienser-Abt Bernhard von Clairvaux seinem Papst, der von Burnout bedroht war. Burnout ist nichts Neues, nur in neuem Kleid, wie vieles heute. Theresa von Avila, die spanische Äbtissin, schützte sich im 16. Jh. mit dem Spruch: *Dios basta,* Gott genügt. Gott genügt uns nicht mehr. *Wir sind seine Mörder,* konstatiert Nietzsche in der Geschichte vom tollen Menschen und fordert den Übermenschen in uns, der an Gottes Stelle tritt. Das hat einer 1933 mit der Machtergreifung aufgegriffen und wörtlich genommen. Die Folgen sind bekannt.

Nr. 7: Entwickle optimistisches, positives Denken

Du bist der Steuermann deiner Gefühle und deines Handelns.[114] Herrlich dieses Regenwetter! Da kuschel ich mich ins Sofa und lese ein gutes Buch. Das Glas ist halbvoll, nicht halbleer. Hinter den Wolken scheint immer die Sonne. Stimme Reinhard Mey zu: *Über den Wolken/ Muss die Freiheit grenzenlos sein/ Alle Ängsten, alle Sorgen/ Sagt man / Bleiben darunter verborgen/ Und dann/ Würde was uns groß und wichtig erscheint/ Plötzlich nichtig und klein.*
Ich bleibe aber misstrauisch, was die amerikanische Art des Positiven Denkens anbelangt, wie sie sich bei Joseph Murphy und anderen findet, als ginge alles wie von selbst, man müsse einfach nur positiv denken und glauben. Nein, zum Leben gehören einfach auch Schattenseiten, auch der Schatten, die unbewältigten Lebensprobleme, im Sinne von Carl Gustav Jung, was nach Sigmund Freund im Unbewussten, in der Rumpelkammer unserer Seele, verborgen ist und jederzeit aufwachen kann. Das alles gefällt auch mir nicht, aber es ist nicht einfach nur negativ. Es gehört nach Wilhelm Schmid zur Fülle des Lebens, die erst das ganze Glück ausmacht. Darum *habe Nachsicht mit deinen Fehlern, du bist dann klüger als zuvor. Wirklich stark kannst du nur sein, wenn du deine Schwächen akzeptierst.*[115]
Glück ist nicht einfach die Abwesenheit von Leid. Das wäre unehrlich und viel zu simpel. Jesus nennt in der Bergpredigt gerade *die glücklich, die Leid tragen, denn sie sollen getröstet werden. Glücklich, die geduldig sind und hoffen, denn ihnen wird die Erde gehören. Glücklich, die nach Gerechtigkeit hungern und dürsten, Gott wird sie sättigen. Glücklich die Barmherzigen, sie werden Barmherzigkeit erlangen. Glücklich, die reines Herzens sind, sie werden Gott schauen. Glücklich die Friedensstifter, denn sie sind Kinder Gottes.*[116]

Nr. 8: Sei im Hier und Jetzt - auch mit deiner Trauer

Für Trauernde kann dieses Wort hilfreich sein: *Sonnige, leuchtende Tage; nicht weinen, dass sie vergangen; lächeln, weil sie gewesen.*[117] Ein sehr einfühlendes Wort Bonhoeffers wage ich an dieser Stelle für diejenigen, die mit dem Tod eines geliebten Menschen nicht fertig werden:
Es gibt nichts, was uns die Abwesenheit eines lieben Menschen ersetzen kann, und man soll das auch gar nicht versuchen: man muss es einfach aushalten und durchhalten; das klingt zunächst sehr hart, aber es ist doch zugleich ein großer Trost; denn in dem die Lücke wirklich unausgefüllt bleibt, bleibt man durch sie miteinander verbunden. Je schöner und voller die Erinnerung, desto schwerer die Trennung. Aber die Dankbarkeit verwandelt die Qual der Erinnerung in eine stille Freude. Man trägt das vergangene Schöne nicht wie einen Stachel, sondern wie ein kostbares Geschenk in sich. Man muss sich hüten, in den Erinnerungen zu wühlen, sich ihnen auszuliefern, wie man auch ein kostbares Geschenk nicht immerfort betrachtet, sondern nur zu besonderen Stunden; dann geht eine dauernde Freude und Kraft von dem Vergangenem aus.[118]
Böse Erinnerungen können unter fachlicher Anleitung durch suggestive Übungen wie Imagination gemildert werden.

Es gibt Menschen, die die Zukunft nur rosig oder düster sehen: „Eines Tages, ja, da werde ich." Oder: „Die Erde geht sowieso kaputt, so wie wir Menschen damit umgehen." Unrealistische Träume und auch selbstverordneter Pessimismus führen am Leben vorbei und machen unzufrieden. Da klagt noch der Siebzigjährige: „Wenn ich als Kind Nachhilfe gehabt hätte, wäre ich heute vielleicht Arzt." Und wenn? Als ob Ärzte automatisch glücklichere Menschen wären! Wären! Lebe nicht nur im Konjunktiv: hätten, würde, könnte. Nimm Unterricht bei Erich Fried: *Es ist Unsinn sagt die Vernunft./ Es ist Unglück sagt die Berechnung/ Es ist nichts als Schmerz sagt die Angst/ Es ist aussichtslos sagt die Einsicht/ Es ist lächerlich sagt der Stolz/ es ist leichtsinnig sagt die Vorsicht/ Es ist unmöglich sagt die Erfahrung/ Es ist, was es ist, sagt die Liebe.*[119]

Leo Tolstoi fragt in einer seiner Geschichten: „Was ist das Wichtigste im Leben?" Seine Antwort: der Augenblick. Denn den Augenblick, in dem du jetzt gerade lebst, kannst du beeinflussen. Aber im nächsten Moment kann schon alles ganz anders sein. Übungen der Achtsamkeit machen mir mein momentanes Leben bewusst und wertvoll. Beispielsweise bei gleichmäßigem Ein- und Ausatmen der Vorsatz: *Möge ich in meinem Herzen wohnen./ Möge ich sicher und geborgen sein./ Möge ich Heilung und Frieden finden./ Möge ich glücklich sein.*[120] *M*atthias Claudius konnte selbst in schwierigen Zeiten dichten: *Ich danke Gott und freue mich/ Wie's Kind zur Weihnachtsgabe/ dass ich bin, bin und dass ich dich, schön menschlich Antlitz habe./ Ich danke Gott mit Saitenspiel/ dass ich kein König worden/ ich wär geschmeichelt worden viel/ und wär vielleicht verdorben.*[121] Vergiss bei allem Planen nicht, heute zu leben. Denn nur den Augenblick kannst du beeinflussen.

Nr. 9: Arbeite an einer gesunden Persönlichkeit

Nach Anton A. Bucher:

Mag dich!

Akzeptiere dich!

Erkenne dich selbst!

Hilf dir! Lass dir helfen!

Sei du selbst! [122]

Betone deine Einmaligkeit, statt wie andere sein zu wollen[123]

und du bist für andere nur wirklich interessant, wenn du anders bist als sie[124].

Wenn du anderen zu gefallen suchst, musst du mit falschem Lob rechnen. Lebe so, dass du dich immer wieder im Spiegelbild aushalten kannst, ja anlächeln und *wenn du einen grünen Zweig im Herzen trägst, wird sich ein Singvogel darauf niederlassen.*[124.1] Ja, es liegt, wissenschaftlich gesehen, viel an den Genen und einer glücklichen Kindheit. Doch es bleibt ein Spielraum, der dich vor lähmendem Pessimismus schützt.

Nr. 10: Entwickle eine aufgeschlossene, soziale Persönlichkeit

Wichtig scheint mir hier eine gewisse gesunde Selbstreflexion: Wie wirke ich auf andere? Bin ich eher ein offener, freundlicher Typ oder griesgrämig? Werde ich schnell wütend oder kann ich mich auch zurücknehmen? Wie es in den Wald reinschallt, so schallt es heraus. Wer sich selbst mag, mag auch grundsätzlich seine Mitmenschen. Wer sich mag, geht freundlicher mit sich und anderen um. Mach' mal eine Übung: Lächle einen Tag lang deine Mitmenschen möglichst freundlich an! *Lächeln ist ein Geschenk, das nichts kostet.*[124.2]
Kannst du dich selbst im Spiegel anlächeln?
Nicht nur Tiere verbreiten einen speziellen Duft, auch wir Menschen. Unsichtbar und doch deutlich. Schlechte Laune macht ungerecht und unleidlich. Sprich klar in der Ich-Form aus, was du brauchst und was dir nicht gefällt. So kann dein Gegenüber adäquat reagieren. Zahle verbale Verletzungen nicht mit strafendem Schweigen oder heimlichen Sticheleien heim. Das ist nicht nur unfair, sondern unwürdig und auch extrem unreif und macht den Streit zur Krise. *Was über dein Lebensglück entscheidet, sind nicht deine Niederlagen, sondern wie du mit ihnen umgehst.*[125]

Nr. 11: Sei du selber

Authentisch sein. Das meint: Lass dich nicht verbiegen. Stehe zu deinen Ansichten. Stärke deine Stärken. Das schafft manchmal Widerstand, bewirkt aber ein gutes Gefühl. Wer nicht nein sagen kann, engt sich ein und hat ein Selbstwertproblem. Wer nur selbstlos sein will, ist sich bald selbst los.

Helfen ist gut, aber ein Helfersyndrom nicht unbedingt. Nicht jede Selbstlosigkeit ist uneitel. Dagegen: *Selbsterkenntnis ist der erste Weg zur Besserung.*

Ganz wichtig ist es, ja oder nein zum richtigen Zeitpunkt zu sagen.

Das kann man üben und gelingt dann, wenn du nicht ständig vom Gegenüber her denkst, was er oder sie denn jetzt über dich denkt, sondern wenn du von dir her denkst, was du brauchst, was dich glücklich oder unglücklich macht. Wertschätzung erfährst du nicht als Jasager, sondern als eigenständige Persönlichkeit. Mache dir klar, dass man dich eher für dumm hält, wenn du dich ausnutzen lässt. Mache dir auch klar, dass du einen anderen Menschen in seinem Wesen bestätigst, wenn du ihm zu Willen bist. Richte dich zu dem auf, was in dir steckt.

Nr. 12: Eliminiere negative Gefühle

Achte darauf, ob du eher sagst: „ Das kann ich nicht, als: „Ich versuche es", Das schaffe ich."

Kann es sein, dass du nur deshalb manchmal unglücklich bist, weil du glaubst, es sein zu müssen?[126] Unbewusste Selbstabwertung nagt am Selbstvertrauen, grenzt an Selbstsabotage, Demontage.

„Ach, das ist doch nur ein bisschen Malen!" antwortete Frau Schmitz auf meine Bemerkung, dass ich ihre selbstgemalten Bilder beachtlich fände. Stehe zu deinen Talenten! Mache dich nicht unbewusst klein, nur um nicht aufzufallen oder aus Sorge, aus dir könnte noch mal was Großes werden. Achte gut auf deine Gedanken und deine Art zu reden. Übe nicht unnötig Verrat an dir selbst. Nichts ist dümmer und schädlicher, weil völlig unnötig. Denn keiner kommt und sagt: „Nun mach dich mal schlecht." Und wenn einer schlecht über dich redet, werde nicht gleich klein. Prüfe vor dir selbst, ob etwas dran ist oder nur böser Wille dahinter steckt. Also: Werde authentisch, der, der du in Wahrheit bist und nicht, wie dich die anderen angeblich haben oder sehen wollen. Denke möglichst konstruktiv, nicht destruktiv. Achte darauf. Und immer wieder: Demontiere dich nicht selbst, wenn du was falsch machst. Kleine Fehler können sogar etwas Sympathisches haben. Fehler haben auch was Gutes: Man kann aus ihnen lernen.

Überspitzt formuliert: *Eine Sünde, die dich aufweckt, kann wichtiger sein, als eine Tugend, bei der alle einschlafen.*[127] Aber: *Wer dem Arbeiter seinen Lohn nicht* gibt, ist ein Bluthund[127.1]. Das stammt nicht von der Gewerkschaft, sondern von Jesus Sirach.

Angst. Angst gehört zum Leben. Geh ihr entgegen, statt davonzulaufen. Angst ist wie ein Hund: Er läuft dir nach, wenn du vor ihm fliehst, und er packt dich im Genick, dann bist du geliefert. Bleibst du aber fest stehen, tut das auch der Hund und er weicht bald zurück.

Wer Fehler, etwas total Menschliches, weniger fürchtet, hat weniger Angst. Frage dich nach den Gründen deiner ungesunden Fehlervermeidung und bearbeite sie; eventuell mit verhaltenstherapeutischer Hilfe. Das bezahlt die Krankenkasse.

Nr. 13: Enge Beziehungen sind das Wichtigste

Jeder kennt das Gefühl, in einer netten Runde zu sein und über mehr als das Wetter zu reden. Anschließend geht man gelöst und gut gelaunt nach Hause und hat viel zu erzählen. Wir Menschen brauchen unbedingt den Austausch mit anderen Menschen. Darum besuchen wir eine Gruppe, gehen in einen Verein oder mit Freunden zum Essen.

Gemeinschaft macht stark. Noch einmal Martin Buber: *Alles wirkliche Leben ist Begegnung.* Ich würde aber lieber von guten Beziehungen statt engen reden, die das Wichtigste sind.

Nr. 14: Wertschätzung

Glückliche Menschen schätzen ihr Glück höher ein, gehen damit dankbarer, offener und intensiver um.

Auch im aufgeklärten Menschen geistert immer noch unterschwellig die antike Vorstellung herum, zuviel Glück ziehe Unglück nach sich.

Soweit Fordyce bei Anton A. Bucher mit seinen 14 Strategien.

Kaleidoskop des Glücks - Schlussbetrachtungen

Wenn du Nabelschau betreibst, kreist du ungesund um dich selbst. Es gibt auch ein Zuviel, dann, wenn aus Nachdenken Grübeln wird. Der große russische Schriftsteller Turgenjew bekannte von sich: *Seit ich nicht mehr mich selbst suche, führe ich das glücklichste Leben, das es geben kann.*[128]

Es ist heutzutage so viel von Mobbing die Rede. Berufliche Arbeit macht aber auch viele Menschen glücklich. Wenn Arbeit Freude bereitet, ist sie fast ein Freizeitvergnügen. So fallen manchmal Beruf und Hobby in eins.

Glück lässt sich nicht zwingen und nicht *jeder ist seines Glückes Schmied.*

Du verminderst Panik, wenn du dir bewusst machst: *Alles kommt weniger schlimm, wenn man mit allem rechnet.*[129] Warum ich? Warum ich nicht? Frau von Eschenbach gibt zu bedenken: *Im Grunde ist jedes Unglück nur so schwer, wie man es nimmt.*[130] Je früher du etwas akzeptieren kannst, umso schneller kommst du wieder in ein seelisches Gleichgewicht. Es gibt aber ganz extreme Ausnahmen, die alle Vorstellungen übersteigen. Fachliche Hilfe und Einbettung in eine gute Umgebung sind dann unerlässlich.

Manch einer verdirbt sich sein Glück, weil er mit dem Kopf durch die Wand will oder zuviel des Guten verlangt. Dazu lies noch mal das Grimm'sche Märchen *Vom Fischer und seiner Frau.* Eigentlich ist es viel zu realistisch für ein Märchen. Denn die Unmäßigkeit der Fischersfrau kommt auch im wahren Leben abgewandelt häufig genug vor. Zuletzt wollte sie werden wir Gott. Das ging schon bei Adam und Eva im Paradies schief.

Glück ist häufig ein Nebengewinn des Lebens. Es ist überhaupt die Frage, ob es der Sinn des Lebens ist, glücklich zu sein. Schopenhauer provoziert mit seiner knurrigen Ansicht: *Es gibt nur einen angeborenen Irrtum, und es ist der, dass wir da sind, um glücklich zu sein.*[130.1]

Na ja, für den alten Pessimisten ist die Menschheit sowieso nur eine *Gesellschaft von Stachelschweinen*[131], die sich mit ihren Stacheln auf Distanz hält. Halte dagegen mit Hilde Domin: *Nicht müde werden, sondern dem Wunder leise wie einem Vogel die Hand hinhalten.*[132] Auch Glück grenzt nicht selten an Wunder. Doch jage das Glück nicht so sehr, sonst fliegt es davon wie ein Schmetterling. Genieße es dankbar, wenn es dir zufällt oder sich als Ernte deiner Arbeit bei dir nieder lässt und vergiss die nicht, die nicht soviel Glück haben wie du. Aus diesem Grunde, weil er so viel Glück erfahren hatte, studierte Albert Schweitzer zusätzlich Medizin und ging als Arzt zu den Ärmsten der Armen nach Lambarene, in den afrikanischen Busch. Dort tauchte er ein in *die Bruderschaft der vom Schmerz Gezeichneten.*[132.1] Erfolg ist nie nur das Ergebnis eigener harter Arbeit, immer ist auch Glück oder Segen dabei- man muss gesund bleiben und von Unglück verschont.

Für Friedrich Schiller in seinem langen Gedicht Glück ist alles nur ein einseitiges Geschenk der Götter, und nur, wem die Götter hold sind, dem ist Glück beschert, von Anfang an festgelegt. Nichts da mit des eigenen Glückes Schmied: *Selig, welchen die Götter, die gnädigen, vor der Geburt schon liebten, welchen als Kind Venus im Arme gewiegt...Und das Siegel der Macht Zeus auf die Stirn gedrückt!*[133]

Lieber Schiller Friedrich, da werden sich aber die Herrschenden bei dir bedankt haben. Bei Jesus sind es eher, die da geistlich arm sind, also die alles von Gott erwarten, die er glücklich nennt. Das finde ich sympathischer und dem Himmelreich angemessener.

Loslassen macht glücklicher als krampfhaftes Festhalten.“ Für viele andere liegt das schönste Glück weit zurück, in der Kindheit. Wie war das damals bei dir, liebe Leserin, lieber Leser? Erich Kästner hat immer wieder betont, wie wichtig für unser Glücklichsein die Erinnerung an eine glückliche Kindheit ist. Jesus war sogar überzeugt, dass wir nicht das Himmelreich erfahren, wenn wir *nicht werden wie die Kinder.* Es ist kein Zufall, dass in der Weihnachtsgeschichte ein

Kind zum Heilsbringer wird. Was macht das Erwachsenensein so kritisch? Ist es die anwachsende Gier nach dem immer Mehr, die zum Heil disqualifiziert? Erfahrung von Vergebung und Versöhnung kann ein ganz großes Glück sein. Besser ein leeres Konto als eine leere Seele.

In Märchen muss der Held einige Gefahren bestehen, um das Glück in Gestalt einer schönen Prinzessin in die Arme zu schließen. Glück setzt also Leidensbereitschaft und Begegnung mit der Angst voraus. Und noch einmal: *Damit das Mögliche entsteht, muss immer wieder das Unmögliche versucht werden*[134]*,* fordert Hermann Hesse. Fidel Castros Weggefährte, Che Guevara, formulierte es so: *Bleiben wir realistisch. Versuchen wir das Unmögliche.*[135]

Frühere Generationen haben nur wenig über dieses Thema nachgedacht; die hatten genug mit dem täglichen Überlebenskampf zu tun. Es ist eher ein modernes, heutiges Thema, obwohl Menschen zu allen Zeiten über das Glück nachdachten, wie Aristoteles und die antiken philosophischen Schulen beweisen. Wie dem auch sei, letztendlich strebt jeder Mensch irgendwie nach Glück in seinem Leben und möchte möglichst oft und lange glücklich sein. *Das Leben ist zu kurz, um ein langes Gesicht zu machen.*[136]

Hans im Glück steht dafür, aber auf seine eigene Weise. Erst besitzt er einen Goldklumpen, am Ende steht er mit leeren Händen da, aber er ist glücklich, buchstäblich entlastet, von der Last befreit. Wie der Bauer in einem polnischen Märchen: Ein depressiver König sucht nach einem glücklichen Menschen. Schließen finden die Herolde einen singenden Bauern. Der König möchte sich das Hemd des Glücklichen überstreifen. Doch der besitzt noch nicht einmal ein Hemd. Oder wer kennt nicht die Geschichte vom Fischer, die Heinrich Böll in seiner *Anekdote zur Senkung der Arbeitsmoral* erzählt: Ein Tourist an einer Küste ärgert sich über einen dösenden Fischer an Land: Mensch, fahre raus und fische. Mit der Zeit kannst du dir sogar zwei Boote leisten, dann drei, dann vier und dann kannst du Urlaub machen. Der Fischer schließlich: *Aber das tue ich ja jetzt schon.*

Ich weiß, zu einfache Rezepte. Und doch bedenkenswert.

Vor lauter Arbeiten, Schaffen und Erfolg kann man verlernen zu leben. Das merkt man erst, wenn das Band plötzlich still steht und man nicht mehr in den selbstgeschneiderten Maßanzug passt. Was ist glückliche bzw. gelingende Lebenskunst? Fontane hat eine treffende Antwort: *Leicht zu leben ohne Leichtsinn/ heute zu sein ohne Ausgelassenheit/ Mut zu haben ohne Übermut.*[137]

Selbst die amerikanische Verfassung kennt ein Recht aufs Glücklichsein, *Persuit of Happiness, Streben nach Glück.*

Glück ist kein Dauerabonnement, aber fürs Glücklichsein können wir schon etwas tun. *Das Glück ist wie ein Garten. Es setzt sich aus vielen kleinen Blüten zusammen.*[138] Der große Kritiker der reinen Vernunft und Verfechter von Pflicht vor Neigung, Immanuel Kant aus Königsberg konnte auch erstaunlich sympathisch sein. Zum Beispiel mit diesem Glücksmodell: *Der Himmel hat den Menschen als Gegengewicht gegen die vielen Mühseligkeiten des Lebens drei Dinge geschenkt: Die Hoffnung, den Schlaf und das Lachen.*[139] Kostet nichts und steht allen zur Verfügung. Im übrigen kann Pflicht auch glücklich machen.

Möge diese Anleitung zum Glücklichsein eine der Blüten im Garten deines Glücks sein und dir ein Gegengewicht zu den Dingen im Leben, die dir den Mut nehmen wollen: Glück auf!

Textnachweis

Ich habe mich gewissenhaft bemüht, alle Quellen aufzuführen. Freundlichst bitte ich Urheber, Autoren und Verlage mich bei den fehlenden Quellenangaben zu informieren. Herzlichen Dank.

1	Herrad Schenk, Glück und Schicksal, C:H:Beck, München 2000
2	Antoine de Saint-Exupéry, Der Kleine Prinz, Karl Rausch Verlag, Düsseldorf 1984
3	Geht auf einen Ausspruch von Cicely Saunders, der Begründerin der Modernen Hospizbewegung zurück.
3.0	Peiner Allgemeine Zeitung vom 1.7.2013
3.1.	Peiner Allgemeine Zeitung vom
3.2.	Anton Lichtenauer, Hol dir einen Stern vom Himmel, Herder spektrum, Freiburg 2003
4	Der Lebensfreude-Kalender 2012, PAL Verlag
5	Gelassenheit hat 52 Wochen, Grünewald Verlag, Ostfildern 2010
6	Gelassenheit, ebenda
7	Arthur Schopenhauer, Aphorismen zur Lebensweisheit, Reclam, 1997
7.1	Schopenhauer, ebenda
7.2	Schopenhauer, ebenda
8	Aus einem Kinofilm
9	In einem Themenpark entdeckt
10	Gelassenheit, ebenda
11	Quelle unbekannt
12	Marie von Ebner-Eschenbach, Aphorismen, Reclam, 1988
13	Eckart von Hirschhausen, Glück kommt selten allein, Rowohlt 2003
14	Stefan Klein, Die Glücksformel, Rowohlt Taschenbuch, 2003
15	Ernst Fritz-Schubert, Schulfach Glück, Herder, Freiburg 2008/2011
16	Derselbe, Glück kann man lernen, Ullstein, Berlin 2012
17	Paul Watzlawick, Anleitung zum Unglücklichsein, Piper 2004
18	Georg Orwell, 1984, Ullstein Buch Nr. 3253, Frankfurt 1983
19	Dem Kirchenvater Augustinus zugeschrieben
20	Anselm Grün, Das kleine Buch vom wahren Glück, Herder 2001
21	Anton Lichtenauer, ebenda
22	Anselm Grün, in: Welt am Sonntag Nr. 48, vom 27.11.2005
23	Quelle Internet
24	Quelle unbekannt
25	Kalender Andere Zeiten, Hamburg

26	Quelle unbekannt
27	Quelle unbekannt
28	Dietrich Bonhoeffer, Lesebuch, Chr. Kaiser Verlag, München 1985
29	Arthur Schopenhauer, Die Kunst, glücklich zu sein, C.H. Beck, 2012
30-32	Wilhelm Schmid, Glück, Insel, 2007
33/34	Elisabeth Lukas, Quelle unbekannt
35	Arthur Schopenhauer, Die Kunst…, ebenda
36	Goethe, Quelle unbekannt
37/38	Quelle unbekannt
38.1	Paul Watzlawick, Quelle unbekannt
39	Quelle unbekannt
40	Quelle unbekannt
41-44	Anton Lichtenauer, ebenda
45	Anselm Grün, Das kleine Buch der Lebenskunst, Herder 2009
46	Quelle unbekannt
47	Info aktuell, Marburger Medien, Nr. 4/ 2013
48-50	Aus Tageszeitungen
51	Georg R. Bach, Streiten verbindet, Fischer Tb 1995
52	Goethe, Die Wahlverwandtschaften, Teil I,2
53	Theodor Fontane, Werke, II Bd.3, Droemersche Verlagsanstalt 1949
54	Anton Lichtenauer, ebenda
55	Theodor Fontane, ebenda
56	Heinrich Heine, Gedicht „Guter Rat“
57	Antoine de Saint-Exupéry, Gebet „Lehre mich die Kunst…“
58	Hermann Hesse, Die Gedichte, Suhrkamp, Berlin 1998
59	Quelle unbekannt
60	Anton Lichtenauer, ebenda
61	Quelle unbekannt
62	Anton Lichtenauer, ebenda
63	Artur Schopenhauer, Die Kunst…, ebenda
64/65	Theodor Fontane, ebenda
66	Quelle unbekannt
67	Weisheiten aus Afrika, Groh Verlag 2005
68	Hermann Hesse, Im Nebel, Gedichte, ebenda
69/70	Jörg Müller, Von Glücksvögeln und Pechpilzen, Steinkopf, 2005
71	Finnisches Sprichwort
72	Quelle unbekannt
73	Anton Lichtenauer, ebenda
74	Die Bibel, Jesaja
75	Antiker griechischer Arzt
76	Johannes XXIII zugeschrieben
77	Anton Lichtenauer, ebenda

78 Eschbacher Minis, Zehn Gebote der Gelassenheit, Eschbach 2010
79 Clown Grock, Aus seinen Memoiren
80 Clemens Brentano, Gedicht „Glück“
81 Theodor Fontane, ebenda
82 Welt am Sonntag Nr. 46, 13.11.2005
83 Marc Aurel zugeschrieben
84 Quelle unbekannt
85 Marburger Medien, PK059
86 Weisheiten aus Afrika, ebenda
87-89 Viktor E. Frankl, Das leiden am sinnlosen Leben, Herderbü. 615
90 Anton Lichtenauer, ebenda
91 Roger Whittaker, Liebe endet nie, CD, Ariola Sony Music
92 Gertrud von Le Fort, Quelle unbekannt
93 Quelle unbekannt
94 Quelle unbekannt
95 Anton Lichtenauer, ebenda
96 Viktor E. Frankl, Psychotherapie für Laien, Herderbücherei Bd 387
97 Der Lebensfreude-Kalender 2009, PAL Verlag, Mannheim
98 Goethe, aus: Zahme Xenien
99/100 Anton A. Bucher, Psychologie des Glücks, Beltz Verlag, 2009
100.1 Quelle unbekannt
101 Gerhard Blail, Vom getrosten Leben, Steinkopf Verlag, 1982
102 Johann Gottfried Seume
103 Jörg Müller, ebnda
104 Aristoteles, Nikomachische Ethik, Reclam, Stuttgart 2006
105 Welt am Sonntag Nr. 46, 13.11.2005
106 Der Lebensfreude-Kalender 2009, PAL Verlag
107 Quelle unbekannt
108 Ricarda Huch
109/110 Kalender aus dem Maria Laach-Verlag
111 Aus dem Judentum des 18. Jh.’s
112/113 Quelle unbekannt
114/115 Der Lebensfreude-Kalender 2009, PAL Verlag
116 Übersetzung von Jörg Zink, in: Womit wir leben können, Kreuz 1963
117 Konfuzius und Tagore zugeschrieben
118 Dietrich Bonhoeffer, Lesebuch, ebenda
119 Die Lieblingsgedichte der Deutschen, Piper Verlag, ebenda
120 Dhammapada - Die Weisheitslehren des Buddha, Herder Verlag 2009
121 Georg Wilhelm Röpke, In Wandsbek zu Hause, Otto Heinevetter1963
122 Anton A. Bucher, ebenda
123/124 Der Lebensfreude-Kalender 2009/2007

124.1 Anselm Grün, Das kleine Buch der Lebenslust, Herder Verlag 2009
124.2 Quelle unbekannt
125/126 Der Lebensfreude-Kalender 2012, PAL Verlag
127 Qelle unbekannt
127.1 Jesus Sirach gehört zu den Apokryphen der Luther-Bibel
128 Anselm Grün, Das kleine Buch vom Glück, ebenda
129 Anton Lichtenauer, ebenda
130 Marie von Ebner-Eschenbach, ebenda
130.1 Anselm Grün, Das kleine Buch vom Glück, ebenda
131 Arthur Schopenhauer, Welt und Mensch, Reclam 8451
132 Hilde Domin, Quelle unbekannt
132.1 Albert Schweitzer, Aus meinem Leben und Denken, Fischer 1980
133 Echtermeyer, Deutsche Gedichte, August Bagel Verlag, D-dorf 1965
134 Der Lebensfreude-Kalender 2012 PAL
135 Quelle unbekannt
136 Anton Lichtenauer, ebenda
137 Gelassenheit hat 52 Wochen, ebenda
138 Quelle unbekannt
139 Anton Lichtenauer, ebenda

MIX
Papier aus verantwortungsvollen Quellen
Paper from responsible sources
FSC® C105338

Printed by Books on Demand GmbH, Norderstedt / Germany